Patrick Estrade

ESOS RECUERDOS QUE GOBIERNAN NUESTRA VIDA

editorial **K**airós

Título original: CES SOUVENIRS QUI NOUS GOUVERNENT

© Éditions Robert Laffont, Paris, 2006

© de la ilustración de la cubierta: Soledad

© de la presente edición en lengua española:
2007 by Editorial Kairós, S.A.

Editorial Kairós, S.A.
Numancia 117-121, 08029 Barcelona, Spain
www.editorialkairos.com

Nirvana Libros S.A. de C.V.
3ª Cerrada de Minas 501-8, Col. Arvide, 01280 México, D.F.
www.nirvanalibros.com.mx

© Traducción del francés: Miguel Portillo
Corrección: Amelia Padilla

Primera edición: Octubre 2007
I.S.B.N.: 978-84-7245-662-4
Depósito legal: B-39.952/2007

Fotocomposición: Grafime. Mallorca 1. 08014 Barcelona
Tipografía: Times, cuerpo 11, interlineado 12,8
Impresión y encuadernación: Romanyà-Valls. Verdaguer, 1. 08786 Capellades

A Georgette

SUMARIO

PRÓLOGO

Este volumen es la continuación de *Comment je me suis débarrasé de moi-même*, aparecido en 2004, en el que analicé las resistencias y los mecanismos de defensa que utilizamos para evitar sufrir. En dicho libro mostré cómo hemos llegado –a fuerza de programación inconsciente y delimitaciones– a confundir resistencia y personalidad. En la presente obra abordo el problema de la vida y el alma humanas desde la perspectiva puramente emocional de los recuerdos y su relación con nuestra actualidad más viva e inmediata.

En el transcurso de las últimas décadas han sido muchos los autores que han hablado y tratado sobre los recuerdos de la infancia. Entre los más famosos está, evidentemente, Sigmund Freud. Pero para mí, el que ha llevado más lejos sus estudios y su genio en este campo es, sin duda alguna, Alfred Adler. Este autor nos ha legado algunas interpretaciones de los recuerdos que han hecho época. No tengo más que pensar en su libro *Die Technik der individual Psychologie*, publicado en la Alemania de 1928 y aparecido en Francia con el título *Journal de Claire Macht*, publicado por Éditions Belfond en 1981. Aparte de algunos aspectos del libro de Alfred Adler, no existe, que yo sepa, ninguna otra obra que trate sobre el recuerdo de la manera en que yo lo abordaré aquí.

El presente libro es resultado de una observación de los recuerdos a partir de las notas tomadas a lo largo de los últimos veinticinco años, y de la manera específica que he adoptado a la hora de clasificar, analizar e interpretar los recuerdos. Los casos clínicos que aquí aparecen tienen su origen en mi experiencia profesional. Como es costumbre, he cambiado los nombres y lugares de residencia de las personas citadas a fin de respetar su anonimato. A cada una de ellas, tanto si se trató de clientes como de amigos, le pedí autorización para incluir su caso en este libro. En todas las ocasiones obtuve la misma respuesta: «Si mi historia puede servir para que tu trabajo pueda comprenderse mejor y ayudar a los demás, estoy de acuerdo». Muchas gracias a todas ellas.

Buenos o malos, nuestros recuerdos están ligados de manera inalienable a nuestra persona más profunda. Son los guardianes de nuestro templo interior, de igual manera que nuestros sueños –como decía Freud– lo son de nuestro dormir. Nuestros recuerdos nos hablan, pero ¿de qué? De lo que hemos sido, de lo que hemos vivido. Pero también, y tal vez sobre todo, de la manera en que lo hemos vivido. Nuestros recuerdos nos hablan, pero no siempre los escuchamos. Y no los escuchamos puesto que, al igual que ocurre con los sueños, no sabemos cómo hacerlo.

En este libro me gustaría mostrar la manera en que nuestros recuerdos están en consonancia con nuestro estilo de vida actual y cómo, en consecuencia, nos influyen y a la larga llegan a convertirse en frenos de nuestra evolución. También me gustaría demostrar la relación entre el pasado contenido en nuestros sueños y lo que vivimos en el presente, y cómo, finalmente, los recuerdos pueden verter luz sobre nuestro comportamiento y, por consiguiente, convertirse en una herramienta de conocimiento y superación del yo.

Hablaré a menudo de la familia, de los padres, de los hermanos, de los abuelos y de todas las personas que forman parte de la constelación familiar. Tal vez le asombre el que no reajuste de manera sistemática mi discurso para incluir

la situación específica de los huérfanos. De hecho, catalogar a las personas según su destino familiar sería un error,
pues entonces ello implicaría insistir en tópicos, a pesar de
que su trayectoria vital puede variar totalmente. Por poner
un ejemplo, aunque es cierto que un niño huérfano acogi-
do por la beneficencia pública puede ir rebotando de centro
en centro, o bien ir a caer en una familia de adopción poco
cariñosa o indiferente, también lo es que hay otros que pueden vivir y desarrollarse en familias de adopción magníficas,
llenas de ternura y calidez. Por ello, no podemos mezclarlo
todo o reducir el problema a una cuestión de posición social.
Ser huérfano de padre y madre no significa haber vivido sin
familia. Tampoco significa no haber tenido infancia y todavía menos no tener recuerdo alguno de ella. Si usted ha sido
huérfano, hallará que algunas de las situaciones que aparecen
en esta obra no corresponden evidentemente a lo que pudiera haber vivido en su pasado. Pero, no obstante, no dudo que
podrá adaptar sin grandes dificultades mis palabras a su situación particular.

UNA ADVERTENCIA

«En los senderos poco frecuentados se está menos solo de lo
que uno se imagina.»

MARGUERITE YOURCENAR
Carta a sus amigos...

¿QUIERE PARTICIPAR EN EL JUEGO?

Antes de entrar de lleno en el tema, le propongo que acep-
te someterse a un pequeño experimento. ¿Se siente tentado a
hacerlo? En primer lugar, me gustaría que tuviese a mano papel y lápiz. Vaya a buscarlo que le espero. ¿Ya está? Ahora
me gustaría que se concentrase y permitiese que emergiese
un recuerdo procedente de su más tierna infancia. Lo más antiguo posible. No elija, no censure, no intente seleccionar uno
en lugar de otro. No importa si se trata de un recuerdo bueno o malo, de un recuerdo verdadero o de un recuerdo que
le relataron sus padres o algún familiar. Que provenga de la
más tierna infancia o que sea más tardío tampoco es indispensable. Lo que sí importa es que lo escriba tal y como se
manifieste. No escriba mucho, utilice pocas palabras. Y sobre todo, no intente revestirlo de bellos adjetivos y frases bo-
nitas. Lo que interesa es la espontaneidad con la que le viene. ¿De acuerdo?

Ahora voy a pedirle que repita la operación, es decir, que
escriba un segundo recuerdo. Y que también sea lo más anti-

guo posible. ¿Le resulta menos difícil que con el primero? Es normal, pues ya pasó por esa experiencia. Escriba un tercer recuerdo en la hoja. Y siguiendo el mismo principio, deberá ser el recuerdo más antiguo posible, sin reflexionar demasiado, ni censurarse, utilizando pocas palabras, etcétera. Puede que, nunca se sabe, necesitemos un cuarto recuerdo algo más adelante. Así que aproveche, ahora que está en vena.

Admito que no es fácil ponerse a transcribir recuerdos de esa manera en una hoja de papel cuando aquello que se había decidido era sumergirse tranquilamente en la lectura de un libro. Por otra parte, puede que alguno de ustedes no haya seguido mis indicaciones, sea por pereza (¡bah!), por desconfianza (primero quiero ver de qué se trata), o por impaciencia (¡no tengo ninguna gana!). No importa. Ya sabe, no está obligado a nada. Puede que otros no hayan acertado a escribir un sólo recuerdo que les parezca válido, o bien estén frente a un gran agujero negro. No es grave. Más adelante les explicaré las causas de todo ello.

Una vez haya escrito los cuatro recuerdos puede retomar cada uno de ellos y añadir tantos detalles como desee. No obstante, para diferenciar los recuerdos básicos de los detalles añadidos, subraye los primeros o escríbalos en tinta de otro color o bien con otra letra. Eso es lo que yo hice con mis propios tres recuerdos, de los que hablaré más adelante.

¿Por qué arrancar con tanta prisa? ¿Hubiera preferido que esperase al final del libro para proponerle este experimento? Claro que no, pues, al igual que yo, usted no ignora que cuando realizamos un test, queremos saber dónde quiere ir a parar el autor y con qué salsa quiere aliñarnos. Para asegurarnos, intentamos anticiparnos a las respuestas creyendo poder modificar el resultado. Eso es precisamente lo que quiero evitar en este caso. No espero que la información que hallará en este libro le lleve a orientar "objetivamente" sus recuerdos y a truncar su alcance. Aunque bien mirado, me pregunto si eso tendría importancia. Pero, no obstante, dos precauciones valen más que una...

MIS TRES PRIMEROS RECUERDOS

Al igual que usted, yo también escribí –sin hacer trampas– los tres recuerdos que se me aparecieron. Los transcribí de manera espontánea, de un tirón, sin reflexionar, sin elegir, ni censurar. Mis recuerdos básicos aparecen en cursiva y los detalles en letra redonda. Son estos:

Primer recuerdo: *Me veo en un jardín que parece un poco baldío, con un cazamariposas de tul, de un color muy vivo, en una mano, a punto de intentar atrapar las mariposas que revolotean entre las hierbas altas.*

Estamos en Vendée, en el jardín de mis tíos Jean y Jeanne. A un lado del jardín hay un gallinero. Hace sol y voy en pantalones cortos. El cazamariposas consta de un aro de alambre hundido en un largo mango de madera. No sé si el tul era rojo o amarillo, pero sé que era de un color muy vivo y un poco tieso, como si estuviese almidonado.

El segundo recuerdo que apareció es la caída por las escaleras de mi hermana Annick, que se le había subido a la espalda a mi hermano Yves y que, al caer, se rompió el colmillo superior.

Eso sucedió en la casa de mi primera infancia. Por lo que recuerdo, la escalera era bastante empinada. Arriba no había aseos, había que bajar a la planta baja, lo que solía darme miedo cuando me levantaba por la noche.

No lo recuerdo personalmente, pero me contaron que ese accidente pasó porque les hice cosquillas y perdieron el equilibrio. Ese diente roto se convertiría en una tragedia para mi hermana que, durante muchos años, se negó a sonreír al ser fotografiada. Para mí, probablemente fue el principio de una prolongada historia de responsabilidad y culpabilidad.

El tercer recuerdo es el de mi madre rompiendo repentinamente a llorar, a mi lado, en el mercado.

Este mercado cubierto está en la plaza de la Libération, en Niza. Estamos los dos solos. Soy muy pequeño y estoy muy emocionado. Le digo: «Mamá, no llores...».

Por el momento, nuestro experimento se detiene ahí. Desde luego, claro está, podrá repasar sus recuerdos tanto como quiera, así como examinarlos a la luz de las herramientas que le proporcionaré a lo largo de mi exposición. En cuanto a los míos, hablaré sobre ellos más adelante.

PARTE I:
ANTECEDENTES EN EL ESTUDIO
DE LOS RECUERDOS

1. RECUERDOS, RECUERDOS

«La vida no es lo que se ha vivido, sino de lo que uno se acuerda y cómo se acuerda.»

GABRIEL GARCÍA MÁRQUEZ
Vivir para contarla

UN MUNDO DE UNA RIQUEZA INFINITA

La verdad es que en muchos aspectos mi trabajo es genial. Las personas que vienen a consultarme me abren su mundo, de una riqueza infinita y de una gran belleza, incluso cuando lo que les ha empujado a venir a verme sean sucesos muy dramáticos. Cuando existe confianza es un poco como si los pacientes te dejasen las llaves de su casa o de su piso para que pudieses ir y venir sin límites. Es preciso apuntar que el psicoterapeuta no abre puertas por una curiosidad malsana; está al servicio del paciente.

Desde luego, ese tipo de confianza no aparece así como así, de repente. No sería bueno ni para el paciente, ni para la psicoterapia ni el psicoterapeuta, que enseguida se daría cuenta de que algo no funcionaba en la cuestión de la transferencia. Una confianza ciega, por mucho que gratifique el narcisismo del psicoterapeuta, nunca es una buena señal. La confianza se sostiene en lo que uno muestra, como especialista y como ser humano. Por tanto es eminentemente "subjetiva".

Cada uno tiene su manera personal de crear las condiciones de la confianza. No se puede ignorar, claro está, el contexto del consultorio, el inmueble, la sala de espera, la habitación donde uno pasa consulta. Asimismo importa el clima de empatía y la manera en que se aborda y se pregunta a las personas. Y también está lo que cada uno exhibe de su mundo profesional (a qué escuela psicológica o psicoanalítica pertenece o toma como referencia), y lo que deja entrever de su mundo particular (sus intereses, preocupaciones, gustos, lecturas). Y finalmente, hay trabajos que lleva a cabo y de los que los pacientes se benefician. Dicho de otro modo, la política de esfuerzo y desarrollo que él sigue en su propia vida. Un día, durante una conferencia profesional en Berlín escuché decir a un conferenciante: «De un psicoterapeuta sólo se aprende lo que éste ha sido capaz de realizar». Esta pequeña frase engendró en mí una verdadera toma de conciencia acerca de lo que me esperaba en tanto psicoterapeuta. A través de esa reflexión comprendí lo que se requería de nosotros, estudiantes: no contentarnos con pasar consulta y nunca perder contacto con el estudio.

Un error de juventud

En esos mundos de vida que los pacientes entreabren a los psicoterapeutas, los recuerdos están entre los elementos más conmovedores. Eso es algo de lo que no era consciente cuando todavía era aprendiz de psicoterapeuta. Para mí, los recuerdos relatados constituían un elemento de anamnesia que tenía por objeto establecer un diagnóstico o incluso poner de manifiesto una neurosis. Me resulta difícil reconocerlo, pero en esa época pedía al paciente un recuerdo de infancia con el mismo tono un poco cansino del médico que pide a su paciente que se desnude. Y, no obstante, había leído que Alfred Adler siempre pedía a sus pacientes nuevos que le contasen su primer recuerdo.[1] Eso debería haberme puesto sobre aviso acerca de la importancia del recuerdo. Pero no, pasé de largo. No sería más que poco a poco, a lo largo de los meses, y tras intensificar mi escucha, como empezaría a percibir el lenguaje de los recuerdos y a descubrir su carácter esencial.

Durante mis años de aprendizaje berlinés tuve que escuchar por lo menos dos mil recuerdos de mis pacientes, si no más. Pero más que limitarme a escucharlos, lo que me resultó de mucha utilidad fue aprender el arte de interpretarlos con respecto al conjunto de la vida de la persona. Al regresar a Francia, a principio de la década de 1980, refiné mi método de comprensión e interpretación de los recuerdos de la infancia, hasta que me di cuenta de que había desarrollado una herramienta psicológica y psicoterapéutica muy personal.

EL ARTE DE LEER LOS RECUERDOS

Leer los recuerdos es un arte que requiere un aprendizaje, al igual que la técnica de la anamnesia, el compendio de información que permite que un médico establezca un diagnóstico. Las preguntas deben poder orientarse rápidamente en la buena dirección sin violentar ni herir al paciente, lo que de inmediato daría paso a resistencias, dirigiendo al especialista a seguir falsas pistas.

Recuerdo que el profesor Josef Rattner, del Instituto de Psicología Analítica de Berlín, solía comparar este arte con el resultado de una mezcla de Sherlock Holmes, Sigmund Freud y Mefistófeles. Sherlock Holmes por el conocimiento excepcional de elementos que sabía utilizar para relacionar las cosas, obteniendo resultados inesperados y espectaculares. También por su genio deductivo («¡Elemental, mi querido Watson!»). Freud por su concepto de "atención fluctuante",[2] es decir, la aptitud para no concentrarse en el único discurso sintomático de la persona, y considerar el "estar ahí" de la persona en su totalidad, abriéndose por completo a la escucha. Finalmente, el espíritu mefistofélico, para evitar la propensión dicotómica tan común a no ver más que el bien en el bien y el mal en el mal, y aprender a aceptar a ver por igual el uno en el otro, tal y como a veces la vida parece mostrárnoslo con gran claridad.

Personalmente añadiría a esta tríada la mirada del fenomenólogo. En filosofía, el fenómeno es el objeto inmediato y sensible que llama la atención. Así pues, con ayuda de la mirada fenomenológica hay que poner entre paréntesis nuestros conocimientos y nuestras posibles proyecciones, y escuchar simple e *ingenuamente* lo que podemos ver y escuchar. No se trata, pues, de explicar, sino de entender.[3]

Como consecuencia de esta cuádruple precaución, con los años he ido aprendiendo a considerar los recuerdos de otra manera, y debo decir que he sido profusamente recompensado por ello. Poco a poco empecé a extraer una metodología para el enfoque práctico de los recuerdos que me permitiría sumergirme con rapidez en el núcleo de los problemas de la persona. Si ésta parecía sorprenderse de la lectura y del enfoque que yo extraía, me solía quedar pasmado, lo que hacía que redoblase la prudencia respecto a esta herramienta tan fascinante como escabrosa. A intervalos regulares recordaba la advertencia de Nietzsche: «Los caminos que se han dado en llamar "los más cortos" siempre han hecho correr los más grandes peligros a la humanidad; cuando recibe la buena nueva de que se ha descubierto un atajo de ese tipo, la humanidad siempre abandona su camino, y se pierde».[4] Así pues, no me sentí tan mal cuando, en 1990, se anuló una conferencia que debía dar sobre el tema en el Centro Universitario Mediterráneo de Niza. Extraje la conclusión de que mi enfoque de los recuerdos debía madurar. No había llegado el momento.

LA RIQUEZA DEL RECUERDO

Los recuerdos de la infancia, cuando no revelan las huellas de sucesos terribles, son nichos afectivos extraordinarios, deslumbrantes, repletos de gracia, de inteligencia, ternura y malicia. La vida aparece en toda su simplicidad. También en toda su multiplicidad. Es normal. ¿Cuántas vidas en una? ¿Tres, cinco, diez, más? Si considero mi vida, podría enumerar once. La casa donde nací, mi primer traslado, la escuela primaria, la época del catecismo, el internado, mi vida juvenil, mi época berlinesa, mi vida con M. (una mujer que me acompañó a principios de la década de 1970), mi asentamiento profesional en Niza, mi vida con mi esposa y mi hijo, mi vida de autor. Cada una de esas vidas ha contribuido, en cada ocasión, a transformar un poco más al niño, al joven, y más tarde al hombre, que fui y que soy. Evidentemente, no sé, y a decir verdad tampoco me preocupa, cuántos tramos de vida me restan por vivir.

Es difícil imaginar la riqueza intrínseca de los recuerdos que un psicoterapeuta puede llegar a escuchar. La sinceridad, la profundidad y la emoción están siempre presentes. Son maravillas de orfebrería, de originalidad, son historias cinceladas, de encaje, pues se cuentan con el corazón. Con un corazón de niño. Cuando se trata de recuerdos de la infancia, se trata del niño que se halla presente en nosotros. Ese niño que nos esforzamos en ocultar, nos toma de la mano y nos lleva hacia atrás: «¿Te acuerdas, verdad?», pregunta el niño. «Espera, espera –responde el adulto–. Me da igual, ya está pasado» (los adultos creen a ciencia cierta que tienen cosas más interesantes que hacer que recordar *tonterías* del pasado). «¿Pero qué dices? No es verdad –contesta el niño de los recuerdos–. ¡Si supieras lo que llevas arrastrando!» Tanto si se acepta como si no, pasamos bastante tiempo recordando la infancia, que nos ata mediante mil lazos invisibles. Y esos lazos son nuestros recuerdos.

Son la marca indeleble de nuestra individualidad, nuestra firma personal, la prueba de que lo que hemos vivido es propiedad nuestra y nunca pertenecerá a nadie más. Somos todo eso de lo que nos acordamos y somos todo eso de lo que no nos acordamos, es decir, todo lo que se recuerda a pesar de todo, pues nuestra memoria emocional ha engramado todo lo que se ha sentido (*engramar* significa "memorizar una percepción").

Ahí están las travesuras infantiles, los secretillos, los amores infantiles, las pequeñas mentiras jamás detectadas por los padres, las desobediencias. Una muchacha me contó no hace mucho, riéndose a carcajadas, cómo había engañado a sus padres al conseguir meter en su casa, a pesar de la prohibición existente, a su enamorado de la época y cómo consiguió hacerle salir ante el regreso imprevisto de su madre. Lloraba, de tanto reír, al volver a pensar que tuvo que hacerle ir de habitación en habitación hasta la salida, mientras llevaba a su madre al otro extremo de la casa, para despistarla, mediante las ocurrencias más ridículas que imaginó.

Travesuras, amoríos, secretos, mentiras... y también los pseudopeligros que corrimos. De niño, cuando paseaba por la calle con mis padres, me inventaba todo tipo de juegos, que cuando los observo con mis ojos de hoy en día, me doy cuenta de que no eran más que ritos de superstición. Mis pobres padres ignoraban a qué terribles fatalidades escapábamos a cada paso que dábamos por la acera. La apuesta resultaba tan trágica como clara. Al igual que en el juego de la rayuela, no era posible –bajo ninguna circunstancia– que mi zapato pisase las líneas de las losetas del pavimento. ¡Me pasaba un pelo y todo se venía abajo! A simple vista puede parecer una tontería. ¿Tal vez está pensando que habría bastado con acompasar el ritmo? ¡Pero eso no tenía en cuenta los imprevistos! Un perrazo se acerca trotando en tu dirección, un grupo de adultos llega de frente, te desequilibras, una pandilla de chiquillos arremete contra ti, y uno no puede dejar de tener en cuenta esos imponderables, modificar el paso, cambiar los privilegios que uno se concedió en los pasos anteriores a fin de calcular los siguientes, prever un paso de gigante para ir a caer en medio de la siguiente losa a fin de tomar impulso serenamente de cara a la siguiente. ¡Kafka y Shakespeare juntos! Si no se respetaban las reglas, mi familia y yo mismo nos arriesgábamos a sufrir consecuencias devastadoras: accidentes de tráfico, enfermedades dolorosas, muerte repentina. Y cuando finalmente llegaba la temida situación y no nos sucedía nada, me decía que sólo se debía a la infinita compasión del buen Dios.

Todavía sigo pensando en ello cuando voy andando por la acera. Busco esa sensación deliciosamente peligrosa que experimenté en la niñez. Y a decir verdad, cuando observo a la gente en la calle, a veces creo ver que manifiestan la misma duda.

Los recuerdos son cadenas que nos atan a una cierta percepción de nosotros mismos, pero también son uno de esos escasos e inestimables espacios de libertad. Un espacio particular donde nadie puede entrar sin nuestro consentimiento.

Precisamente eso es lo que a veces irrita a ciertos padres o cónyuges inquisidores a los que les gustaría controlar incluso nuestros pensamientos y recuerdos: «¿En qué piensas?», «En nada, en nada…», contestamos, cuando uno se halla sumergido en los recuerdos. No manifestaremos ni palabra. Como mucho, una mentira, o una tontería; es cuestión de acabar lo antes posible…

LOS RECUERDOS SON LA MARCA PERCEPTIBLE DE LO QUE HEMOS VIVIDO

Toda nuestra vida está envuelta en recuerdos. Son nuestra piel interior. Y, no obstante, no nos resulta fácil imaginar lo que se oculta en el hecho de recordar. Por una parte, porque se trata de un acto, probablemente muy ordinario, y, por otra, porque a menudo se filtra más allá de los límites del inconsciente. En efecto, en la vida cotidiana son raras las ocasiones en que uno se acuerda conscientemente de sus recuerdos. Un olor, una imagen, un sonido, un suceso fortuito pueden, sin embargo, reavivar una sombra de recuerdo, pero habría que poder "conscientizarlo", permitir que emerja y que nos invada de verdad, lo cual no hacemos por falta de tiempo o tan sólo porque la situación no se presta (a mí me resultaría bastante difícil entregarme a esta actividad mientras voy al supermercado o cuando estoy atrapado en el coche en medio de un embotellamiento). Pero sólo damos espacio a nuestros recuerdos en ciertas circunstancias sosegadas, despreocupadas o relajadas (en una sala de espera, en un autobús, en un tren…), y a veces incluso a nuestro pesar. En estado de semivigilia, nuestro inconsciente juega al escondite con el consciente. Ah, sí, ese aroma de café recién hecho… Es como en casa, cuando llegaba de la gimnasia y mamá me esperaba para ir al mercado... Apenas conscientizado, este recuerdo aflora, nos roza, igual que el pez roza el anzuelo sin ni siquiera pasársele por la cabeza morderlo. El corcho de nuestro recuerdo se estremece, se manifiesta furtivamente, pero no consigue llamar nuestra atención. Y menos mal, porque si nuestros recuerdos se conscientizasen de manera sistemática, estaríamos acosados, atrapados, seríamos rehenes y no podríamos vivir. Nuestro inconsciente es sabio. Él selecciona por nosotros. El filósofo francés Henri Bergson lo formula a su manera: «Las cosas suceden como si el cerebro sirviese para recordar el recuerdo y no para conservarlo». Y más adelante: «Este es el papel del cerebro en el operar de la memoria: no sirve para conservar el pasado, sino en primer lugar para enmascararlo, y luego para dejar entrever aquello que resulta prácticamente inútil».[5]

Nuestro cerebro evoca el recuerdo a partir de lo que hemos vivido, tanto a nivel consciente como inconsciente, tanto si ha sucedido como si no. La regla se parece a la regla de oro del teatro clásico: un lugar, un tiempo, una acción..., y yo añadiría que un sentir. Pues para que exista recuerdo debe haber un sentir, por pequeño que sea. «Sentir lo que ya se había sentido, a eso se le llama recuerdo»,[6] señaló Hobbes, el filósofo inglés. ¿Pero basta con eso? Intentar confeccionar una enumeración exhaustiva podría alegrarnos una velada, pero no llegaría a agotar el tema del recuerdo. Me acuerdo de haber visto en el teatro de la Madeleine de París a Samy Frey recitando el texto de Georges Perrec injustamente titulado *Me acuerdo*. Montado en una bicicleta, el actor desgranaba uno a uno los casi ciento ochenta y seis recuerdos que incluye el texto. Empezaba con: «Recuerdo cenas en la gran mesa de la panadería. En invierno sopas de pan con leche, en verano sopas de pan con vino; me acuerdo del regalo de

Bonux* por el que me peleaba con mi hermana en cuanto se compraba un paquete; recuerdo los plátanos cortados en tres, pues éramos tres», etcétera. La interpretación del actor era muy buena, pero para mí, en toda aquella representación había algo que me parecía un poco deshumanizado, un poco kafkiano. Sin duda tenía que ver con la impresionante cantidad de recuerdos recitados, y con el hecho de que nosotros, los espectadores, no habíamos, salvo raras excepciones, vivido las mismas cosas que Perrec y, por tanto, no podíamos saborear lo que compartía. Pero debo añadir que cuando trataba un recuerdo colectivo, el público reía de veras.[7]

Nuestros recuerdos reúnen todo lo que sentimos para bien o para mal. Concentran el bien que ha acabado por surgir de los dolores, vividos o padecidos, pues son la memoria del mal de las situaciones de felicidad que ha habido que abandonar y de las que se mantiene la nostalgia. Se puede desnudar a las personas, violar su intimidad, privarlas de lo que más aprecian, despojarlas de todo, dejarlas sin recursos. Pero no se les pueden robar los recuerdos.

Los recuerdos forman parte de nuestro inconsciente individual. Como dijo el psiquiatra suizo C.G. Jung: «El inconsciente individual contiene los recuerdos olvidados, los recuerdos rechazados (es decir, intencionadamente olvidados) de representaciones penosas, las sensaciones subliminales, percepciones sensoriales cuya intensidad no bastó para franquear el umbral y penetrar en la consciencia, y, finalmente, contenidos que todavía no han madurado lo suficiente como para penetrar en el consciente». Y es probable que

---

* Regalo de Bonux. Regalo que aparecía en el interior de los paquetes de la lejía Bonux (antes Bonus) hasta el año 1990. El 29 de febrero de 2000 volvió a incluirse en los paquetes (*N. del T.*).

las imágenes que denomina «arquetipos» también desempeñen un papel en la construcción sensible de nuestros recuerdos. Respecto a esta cuestión, precisa: «En estas reminiscencias personales, hay manifestaciones que emanan de capas más profundas del inconsciente, de capas donde dormitan las imágenes originales, patrimonio de lo humano en la mayoría de los casos».[8] Los hay que van todavía más lejos. Algunos expertos en chamanismo creen que en todo ser humano viven los recuerdos de todo lo que ha sido en el curso de la evolución de la especie, incluso lo que ha visto y comido desde su origen. Personalmente, no me aventuro tan lejos.

LOS OBJETOS QUE LOS ACOMPAÑAN

Uno de los apoyos más concretos con que cuentan los recuerdos radica en los objetos epónimos relacionados. Plato de porcelana o de estaño, pipa ornamentada, salvamanteles recortado, flor de plástico, vaso, bola de nieve, camiseta, pero también postales, libros, cartas, carteles, sin olvidar los individuales del restaurantito inolvidable frente al ayuntamiento que nos llevamos como si se tratasen de reliquias… Y por si no hubiera bastante con todo eso, la cámara fotográfica ha permitido inmortalizar a los niños y a mamá comiéndose un helado frente a la catedral.

¿Cree que exagero? Deje este libro un momento y eche un vistazo a su *hogar dulce hogar* y verá que todavía me quedo corto. Puede estar seguro de que yo no soy una excepción. En mi despacho tengo un escarabajo negro de piedra (¡con jeroglíficos, por favor!) venido directamente de Egipto, un cazador de sueños amerindio que me trajo mi hermana Annick del Canadá, un aguamanil de Venecia, un abanico comprado en la Fundación Maeght de Saint-Paul-de-Vence, sin hablar de una magnífica jarra de cerveza bávara en la que se apiñan lápices, bolígrafos, tijeras (espere, me parece recordar que las compré en Estocolmo, en el parque Skansen) y subrayadores. El aguamanil es muy práctico, desde luego, pero de un mal gusto asombroso.

Desde ese punto de vista, me parece a mí que las consultas de los médicos, los despachos de los abogados, las notarías y las oficinas de las profesiones liberales en general son una mina de recuerdos y objetos de lo más *kitsch*. La mirada, por poco ejercitada que esté en este menester, puede leer con facilidad, a través de estos recuerdos expuestos, la vida entera del especialista. No digo que las demás profesiones, como corredores de seguros, banqueros y funcionarios, estén exentas, sino que por lo general se ven obligadas a mantener un cierto comedimiento a causa de su jerarquía directa o indirecta.

¿Tiene idea de la multitud de objetos de recuerdo que amasamos todos a lo largo de nuestra existencia? ¿Conoce la cifra de negocio que genera un simple tenderete bajo la torre Eiffel, o al pie de la catedral de Estrasburgo? ¿Y los beneficios del mercado de los *souvenirs* en un país como Francia? Sin duda ascienden a millardos de euros. ¿Por qué? Porque nos toca en nuestra vivencia emocional, y queremos inmortalizar ese instante. Resulta un tanto penoso pensar que los más excepcionales de nuestros recuerdos vividos puedan rayar en lo ordinario, lo trivial, la mediocridad, contenidos como están en tantos objetos de fabricación industrial. El mercado de los recuerdos, de los *souvenirs*, es el reino de lo *kitsch*, del mal gusto. ¿Pero qué es lo *kitsch*? Pues precisamente la expresión característica de una sobreinversión emocional. Es la parte casi inconsciente de nuestro mundo sentimental que se fija en un objeto. Por triviales que sean, esos objetos nos resultan indispensables pues constituyen una demostración visible de lo que hemos vivido. Testimonian nuestra vida, nuestra existencia, nuestras vivencias. Para bien o para mal. Por ejemplo, yo he conservado en un cajón el tornillo de metal que me extrajo un cirujano de la muñeca rota una vez que curó. ¿Para qué guardar ese pedazo de metal desde hace ocho años? Sin duda debe haber una razón, pero no sabría precisarla.

Visibles o invisibles, exteriores o interiores, impregnados de la belleza más profunda o del peor mal gusto, todos conservamos nuestras reliquias, nuestros fetiches, nuestros tesoros, sin olvidar las condecoraciones, las cenizas y las tumbas. Encarnan la certeza de que realmente hemos vivido lo que hemos vivido y subrayan su importancia. Ahí radica su legitimidad, y no hay nada más que decir.

EXISTEN RECUERDOS Y RECUERDOS

Nuestros objetos de recuerdo no se preocupan de la estética, pues ante todo son la expresión de lo que nos apasiona. Y cuando el corazón se expresa, lo hace sin rodeos ni florituras. Y sin ley. Los recuerdos de los que hablo aquí no tienen nada que ver con los que uno cuenta a los amigos. Esos están compuestos de anécdotas que han ido bien o mal, mientras que aquellos se encuentran entramados en los misterios del alma y la mente, la psique y el corazón.

Ahí es adonde quiero llegar. Al escribir este libro soy perfectamente consciente de que voy a hacer que se remuevan cosas muy viejas y muy ocultas. Y también muy sensibles. Cosas magníficas, conmovedoras, de una belleza clamorosa, pero puede que también tristes y angustiosas, desgraciadas y aterradoras; cosas que tal vez haya enterrado muy lejos de aquí para no tener que volver a pensar ni acordarse; cosas que ha colocado junto con las mismas murgas que ya está cansado de tararear, con cosas que le hieren, que le magulla-ron y le dejaron en suspenso, como colgando de un hilo. Los recuerdos son todo eso y todavía más.

Los recuerdos de la infancia no dejan indiferente a nadie

Apenas se empieza a hablar de recuerdos, todo el mundo tie-ne algo que decir. Uno para asegurar que cuenta con muchos, el otro para decir que con ninguno y un tercero que no tienen importancia, y un cuarto que sí la tienen, etcétera. Hay temas de este tipo que parecen importarle a todo el mundo. Las opi-niones no son necesariamente unánimes, pero al menos ali-mentan la conversación. Si formamos parte de una reunión en la que la conversación divaga, no tenemos más que hablar con nuestros interlocutores de los recuerdos infantiles, y de repente todo el mundo se anima. Los recuerdos de la infan-cia no dejan indiferente a nadie porque son el registro conta-ble (esos cuadernos alargados donde se apuntan las operacio-nes contables diarias) de lo que hemos vivido. Pero se trata de un registro un tanto particular, en el sentido de que no des-cribe *todo* lo que hemos vivido, sino que describe fielmente – a veces demasiado incluso– *lo que nos parece importante* ha-ber vivido. Recuerdo a una señora que lloraba al rememorar una terrible discusión entre sus padres, en el curso de la cual su padre, al que ella "idolatraba", según su expresión, excla-mó en un momento de exasperación: «Me importa un rába-no mi hija, ¿lo has oído? ¡Un rábano!». Esas palabras, que entre nosotros sabemos que podría pronunciarlas cualquiera bajo la influencia de la cólera, sin pensar en las consecuen-cias, habían afectado profundamente, casi definitivamente, a esta mujer que había sacado la conclusión de que su padre

no la quería. Todas las señales de amor y ternura que le pro-
digó desde entonces nunca llegaron a compensar ese maza-
zo verbal asestado en un momento de nervios. Hicieron falta
muchas consultas para reconstruir la imagen paterna que había puesto en causa de manera tan dramática por esa desgraciada frase escapada de los labios de un padre probablemente exasperado por una esposa que pretendía retenerle contra
su voluntad.

Somos escrupulosos contables de nuestro pasado afectivo,
pero somos unos malos contables porque sólo seleccionamos
los recuerdos que nos importan y nos "olvidamos", cuando
nos conviene, de los que queremos deshacernos. Nietzsche,
filósofo, pero también gran psicólogo, nos lo recuerda: «"Yo
lo he hecho", dice mi memoria. "Es imposible", dice mi amor
propio, y no da su brazo a torcer. Al final, la memoria es la
que tiene que ceder».[9] Sí, nuestra memoria cede porque de lo
que se trata es de no sufrir demasiado.

Cada uno tiene su manera de catalogar los recuerdos. Si
existen buenas razones para recordar una cosa, entonces es
que nos parece importante. Eso parece tener sentido. Pero
existen otras muchas situaciones, experiencias y acontecí-
mientos de los que nos acordamos, aunque en realidad no tienen más que una importancia anecdótica, por no decir insignificante. Pero precisamente lo que es *insignificante* para la
vida consciente puede ser muy *significativo* para el inconsciente, como ocurre con los sueños.

PARTE II:
EN LAS PROFUNDIDADES
DE LOS RECUERDOS

2. LOS SUEÑOS Y LOS RECUERDOS

«Qué prodigiosos son esos seres, capaces de interpretarte incluso lo inexplicable, que saben leer lo que nunca fue escrito; su espíritu soberano descubre vínculos en medio del caos; hallan caminos hasta en las tinieblas de la noche eterna.»

HUGO VON HOFMANNSTHAL
«La Mort», en *Le fou et la mort*

LA HERENCIA FREUDIANA

Son muchos los especialistas que han trabajado con la memoria, pero son muchos menos los que, me parece a mí, se han ocupado de los recuerdos y su estructura dinámica. Con toda probabilidad porque nuestros recuerdos están relacionados con el mundo eminentemente subjetivo de las emociones, de las sensaciones y del sentir. Se considera más un campo de expresión poética y literaria que un terreno de investigación científica. Es cierto que a los psicoanalistas no les repugna estudiar de cerca los recuerdos, pero es necesario reconocer que no son tan populares como los sueños. No es posible prescindir de ellos. Los sueños siempre han interpelado a los seres humanos. Tanto si son reyes como esclavos, siempre han intentado comprender su sentido, y a veces incluso descubrir predicciones en ellos. ¿A quién no le gustaría conocer el futuro? Pero el lenguaje de los sueños es tan arriesgado, tan perturbador, está tan sujeto a interpretaciones que muchos prefieren dedicarse a las de los astros que, paradójicamente, han demostrado, desde la antigüedad, ser muy elocuentes, sobre todo cuando se trataba de leer en el futuro de forma premonitoria y de incidir sobre el destino. A condición de que uno crea, desde luego. Habría que esperar hasta Sigmund Freud y su fulgurante *Traumdeutung (La interpretación de los sueños)*, publicada en 1926, para sacar a los sueños de su "época precientífica", como él mismo dice en el prefacio del libro epónimo,[1] para disponer de un primer enfoque científico de los sueños que mereciese tal calificativo. Eso no significa que antes no hubiese nada. Desde ese punto de vista, la lectura de la bibliografía cronológica que Freud ofrecía al final de su obra contiene cosas sorprendentes. Desde la *Oneirocrítica* de Actemidoro, fechada en 1603, a la obra de M. Wulff titulada *De la interesante relación entre el sueño, la simbología y el síntoma patológico,* de 1913, Freud ofrece a través de veintitrés páginas de referencias bibliográficas la dimensión del interés científico por comprender los sueños, y la falta de su rigor científico, tan necesario.[2]

Una de las aportaciones fundamentales de Freud sobre los sueños es haber distinguido entre lo que denomina su contenido *manifiesto* y el *latente*. En pocas palabras, el contenido manifiesto del sueño es el que puede explicarse o contar (por ejemplo, el niño privado de postre y que soñará con una casa hecha de bizcocho y chocolate). El contenido latente es el que ha sido retrabajado por el inconsciente (a eso le llama el trabajo del sueño) y que no es descifrable, salvo que se sepa interpretar como él mismo supo hacerlo tan bien. En su libro sobre Freud, Stefan Zweig explica: «Así pues, es necesario distinguir cuidadosamente dos cosas: lo que el sueño ha "idealizado" con el objetivo de velarlo –lo que se denomina "trabajo del sueño"– y los verdaderos elementos psicológicos que se ocultan bajo esos velos confusos, es decir, el "contenido del sueño"».[3]

El psicoanalista vienés se expresó en numerosas ocasiones con respecto a la cuestión de los sueños, que consideraba de gran importancia. Y dedicó su atención entre otras cosas a lo que denominó los "recuerdos-pantalla". Retomando trabajos publicados en 1899, consideró que «los primeros recuerdos de la infancia de una persona hacen referencia generalmente a cosas indiferentes y secundarias», que actúan de pantalla de otras más esenciales.[4]

Dice: «Constituyen la reproducción substitutiva de otras impresiones, realmente importantes, cuya existencia queda revelada a través del análisis psíquico, pero cuya reproducción directa tropieza con una resistencia». A título de ejemplo, compara recuerdos-pantalla con el olvido de nombres: «En el olvidar nombres *sabemos* que los nombres substitutivos son *falsos*; en cuanto a los recuerdos-pantalla, sólo nos preguntamos, con asombro, de dónde provienen».

EL PUNTO DE VISTA DE ALFRED ADLER

Para Alfred Adler, los sueños no tienen el mismo significado que para Sigmund Freud. Mientras que este último los considera la realización de un deseo reprimido, Adler ve en ellos la posibilidad de hallar fáciles soluciones a nuestros problemas: «El hombre siempre ha visto en sus sueños una solución a sus problemas, y de ello puede deducirse el objeto del sueño: hallar a través del sueño una dirección a seguir de cara al futuro, es decir, una solución a sus interrogantes».[5] Para él, la razón de ser del sueño se encuentra en la evocación emocional («La finalidad del sueño se encuentra en las emociones que deja tras él.»). Pero sobre todo, en el sueño ve «la tentativa de construcción de un puente entre el estilo de vida de una persona y sus problemas actuales. El estilo de vida dirige el sueño y siempre despertará las emociones que necesite», concluyó.

Mi intención no es dividir a estos dos grandes pioneros del psicoanálisis, aunque en mi trabajo utilizo una perspectiva más adleriana que freudiana.

En *El sentido de la vida*, Adler ha consagrado un capítulo a los primeros recuerdos de la infancia lo suficientemente importante como para que nos detengamos, sobre todo porque en él pueden hallarse varios fermentos a partir de los cuales he desarrollado las pistas de mis investigaciones. He recogido diez que paso a comentar.

Existe un vínculo entre los recuerdos muy antiguos y el estilo de vida general de la persona

En la psicología adleriana, se llama estilo de vida a la manera más o menos valiente con la que afrontamos los acontecimientos de la vida, cómo compensamos nuestros sentimientos de inferioridad, cómo actuamos respecto a nuestra tendencia a valorarnos, cómo y con qué grado de cooperación o rivalidad nos comunicamos con los demás, cómo nos posicionamos respecto a la comunidad, cómo encontramos nuestro sitio en el amor, el trabajo y ante los demás. En pocas palabras, frente a lo que Adler denomina "tareas de la vida".

La idoneidad entre los recuerdos muy antiguos y el estilo de vida de la persona se explica a través del hecho de que, aunque se componga de diversas facetas, la personalidad es una unidad. Y como tal actúa en todos los planos. De la misma manera que un paciente manifestará –en la consulta del psicoterapeuta– en un momento u otro lo que vive en el exterior, tratando de revivirlo con él (cólera, malhumor, agresividad, indiferencia, seducción, chantaje, demanda de recompensa...), también a través de sus recuerdos más antiguos manifiesta la tonalidad o coloración de su estilo de vida.

Los recuerdos tienen la misma finalidad que los sueños

Los recuerdos son una producción de nuestra configuración psíquica. Son el resultado de pensamientos, sentimientos y sensaciones que hemos ido almacenando en nosotros. Pueden tener relación con deseos ocultos, como señaló Freud, y también pueden hacer referencia a nuestros temores, a nuestras expectativas y esperanzas. Para mí, nuestros recuerdos, a semejanza de los sueños, poseen un contenido manifiesto y otro latente.

– El contenido *manifiesto* del recuerdo proviene de la relación entre nuestro consciente y la realidad (tal cosa me hace pensar en tal otra por encadenamiento o por asociación de ideas). En un recuerdo siempre hay un contenido manifiesto porque lo ha desencadenado un suceso presente fortuito o provocado, de cierta intensidad o apenas perceptible.

– El contenido *latente* del recuerdo proviene de que inconscientemente buscamos tal tipo de recuerdo para responder a tal percepción o a tal emoción que no encaja en el cuadro de lectura esperado, pero que responde a una economía interior dada. Es la razón por la que resulta casi imposible descubrirlo sin experiencia. Hasta el presente, sólo especialistas muy experimentados podían descubrirlo, traducirlo e interpretarlo. Y no obstante, esta interpretación suele ser difícil y confusa, a falta de las herramientas adecuadas. Como veremos más adelante, hoy en día existen herramientas que consiguen que esta interpretación resulte mucho más fácil.

Los recuerdos mantienen relación con la situación vivida

A Adler hay que reconocerle el mérito de haberlo comprendido antes que nadie. Pero como sucede a menudo, las cosas expresadas con –¿demasiada?– claridad cuestan de entender. Así pues, la mayoría de los especialistas han pasado por alto el valioso indicador que constituyen los recuerdos, pues no han sabido comprender lo que podía llegar a aportar en términos analíticos o psicoanalíticos.

No buscamos tal o cual recuerdo porque pensemos en el pasado, sino porque pensamos en el presente. Por eso resulta muy interesante examinar el tipo de recuerdo que vamos a *buscar*, pues nos informará acerca de lo que estemos viviendo ahora. Como dicen Jean-Yves y Marc Tadié en *Le sens de la mémoire*: «Nunca recordamos un recuerdo como el que aprieta una tecla del ordenador, sino que lo recreamos en función del contexto que ha causado su memorización y el contexto presente».[6] Esos dos autores se han dado cuenta de esta dimensión de re-creación en la convergencia de una circunstancia externa (algo que me sucede) y de una emoción (lo que me produce tal sensación). Ahí se halla toda la dialéctica humana condensada: mundo externo y mundo interno, condicionamiento y reacción, programación y creación. Volveremos a este tema.

Respecto a la relación entre el recuerdo y la situación vivida, añadiría que es necesario hacer una diferencia entre el recuerdo que se expresa espontánea y libremente (en una conversación entre amigos que rememoran los buenos ratos pasados juntos) y el recuerdo expresado por una petición previa (por ejemplo, su hijo le pide que le cuente un recuerdo). Mientras los primeros proceden de una dinámica dirigida esencialmente hacia el contenido manifiesto, los segundos

aclaran no sólo el estado de ánimo de la persona y su situación, sino también, y sobre todo, *la forma* en que la vive.
También repasaremos esta cuestión más de cerca en «Una situación selectiva inhabitual», en el capítulo 5 en la Tercera
Parte.

Los recuerdos evolucionan según el estilo de vida de la persona

Llega a la consulta una mujer que se siente deprimida. Se
siente mal en su vida, tiene la impresión de estar sumergida
en interminables problemas de dependencia, tiene dificultades para decir no, le duele el cuerpo, con dolores casi permanentes en las extremidades. Tras realizar un buen trabajo con
ella, me ha dicho, con su acento del Sur y una gran sonrisa:
«Ya no veo la vida de la misma manera que a lo largo de los
últimos años. No tengo la misma percepción de las cosas. Ya
no las siento igual. He aligerado las alforjas; voy más ligera.
Me siento muy animada; todo se ha aclarado. Antes era como
una esponja, absorbía todos los problemas. Hoy digo lo justo y no intento ponerme en el lugar de nadie. Lo más curioso
es que incluso me ha cambiado el pasado...». Evidentemente
su pasado no había cambiado, pero en cambio sí que lo había hecho su percepción acerca de él. Al evolucionar su estilo de vida ha sido capaz de buscar otros tipos de recuerdos y
emociones de su vida pasada que se ajustan más a la existencia positiva que lleva en la actualidad.

De igual manera que podría decirse: «Dime con quién an-
das y te diré quién eres», también nuestros recuerdos evolucionan con el conocimiento del yo. Es algo que resulta sorprendente en personas que dicen tener muy pocos recuerdos
de su primera infancia o de su infancia en general. Los psicoterapeutas lo saben, pues ellos son los que conducen el len-

to ascenso hacia la superficie de pacientes que podría decirse que están "en apnea de sí mismos". Las etapas no siempre se recorren sin dolor, emoción ni tensiones. Pero qué alegría cuando llega el resultado, cuando uno, y luego un segundo, y un tercero y hasta diez recuerdos afluyen como otras tantas cartas guardadas durante demasiado tiempo en lista de correos.

La antigüedad y el tipo del primer recuerdo desvelan la actitud fundamental de la persona ante la vida

La antigüedad y el tipo del primer recuerdo revelan hasta qué punto esa persona ha podido tomar posesión de su vida en conjunto y hasta qué punto la controla. No obstante, la antigüedad del recuerdo no siempre es un revelador ineludible, y aquellos que no poseen recuerdos significativos de antes de los 8 o 10 años de edad, no deberían por ello deducir que ese estado sea un obstáculo. Los recuerdos se parecen a los peces: algunos salen a la superficie del agua y son visibles, mientras que otros permanecen en las profundidades. Pero no por no ser visibles dejan de estar ahí.

Los recuerdos de la infancia ofrecen indicaciones consistentes acerca de las relaciones del niño con su madre, su padre y los demás miembros de la familia

Aquí hemos tocado un elemento que me parece fundamental, por no decir determinante, para la interpretación de los recuerdos; al menos en mi comprensión personal de la estructura dinámica de los recuerdos. En efecto, tratándose de recuerdos de la primera infancia hallamos elementos del estilo de vida que pueden llegar a ayudarnos a comprender una gran parte de los problemas de la personalidad en sus aspectos constructivos, así como problemáticos, es decir, neuróticos (es necesario recordar la observación de Freud en *Ensayos de psicoanálisis*: «El origen de las neurosis hay que buscarlo en los traumatismos aparecidos en la infancia»[7]). Si queremos evocar de manera consciente recuerdos de la primera infancia, estos serán –lógicamente– recuerdos vinculados con el hogar o el nido más íntimo con los que tengamos tendencia a pensar o a hacer referencia en primer término (me refiero, en orden de importancia: bebé, mamá, papá, hermanos y hermanas). Pero si nuestra infancia no ha sido un río largo y tranquilo, es posible que busquemos en otro lugar, distinto al que *lógicamente* deberíamos dirigirnos. Aunque es cierto que los recuerdos de la infancia nos informan acerca de nuestras relaciones con nuestra familia más cercana (nuestros *relativos*, dicen los anglosajones), lo hacen consecuentemente en todos los sentidos del término, es decir, tanto en lo que ha estado presente, semi-ausente (por ejemplo, a causa de una representación sesgada) o ausente. Todo el arte de la interpretación del recuerdo radicará en hallar y otorgar los significados a que obligue esta presencia, esta semi-presencia o esta ausencia.

Muchas personas descuidan los recuerdos,
a los que consideran simples hechos;
no son conscientes de sus sentidos ocultos

Los recuerdos, al igual que los sueños, los lapsos o la parapraxia, están lejos de ser hechos simples. Si no resultan lo suficientemente elocuentes para el común de los mortales, sólo es porque estos últimos no saben escucharlos ni descifrarlos. Adler lo dijo con mucha claridad: «Casi nadie capta verdaderamente el valor de un recuerdo de infancia. Y, no obstante, es a través de los primeros recuerdos como uno revela su objetivo en la vida, sus relaciones con los demás y su visión de su entorno inicial». Todo ello sigue siendo válido en la actualidad.

No se trata de otra cosa que de una formación en el arte de "adivinar"

Adivinar. Si Adler sigue sin ser todo lo escuchado que debería es precisamente a causa de ese tipo de términos. La interpretación de los recuerdos –y Adler, paradójicamente, ha sido el primero en demostrarlo– no tiene nada de "adivinanza". Se trata efectivamente de un arte, así es, pero que se basa en un método (en griego, *hodos* significa "camino"). Se trata de escuchar lo que puede revelarnos un detalle cuando se pone en perspectiva con el conjunto, e inversamente, lo que puede desvelarnos el conjunto acerca de tal o cual detalle. En filosofía se denomina el círculo hermenéutico. Para resumir, diría, pues, que la interpretación de los recuerdos se apoya a la vez en un arte y en un enfoque metodológico.[8]

Los recuerdos permiten estabilizar los estados afectivos

Diría incluso que tienen una tendencia a arrellanarse en ellos mismos. Se busca en los recuerdos el mismo tipo de ambiente que se está a punto de atravesar. A un momento melancólico le corresponderán recuerdos melancólicos, a un momento emprendedor, recuerdos de actividad, etcétera. Este efecto estabilizador resulta interesante ya que demuestra que nuestro aparato psíquico posee recursos dinámicos autocompensadores. Como puede ver, nuestro cerebro está lejos de limitarse a un papel de superordenador, pues también demuestra ¡ser inteligente frente a sí mismo!

La vida es una extensión de las experiencias familiares

Según Adler, entre los tres y los cinco años el niño desarrolla un cierto estilo de vida en función de diversos parámetros (presencia o ausencia de la madre o del padre, lugar que ocupa entre los hermanos o en la constelación familiar, problemas de salud, coraje o pusilanimidad frente a la vida, desarrollo de su sentimiento social, sentimiento de inferioridad, etcétera). Es lo que a veces denomino, bromeando, nuestro "negocio". Si no hay nada que ponga en entredicho ese estilo de vida, el niño, una vez adulto, puede continuar con él muchos años, incluso toda su vida. Algunos podrían concluir que entonces todo depende de esos años. A mí me parece que no hay que ir tan lejos.[9] Es muy importante recordar que en cuestión de psicología humana, nunca nada se decide definitivamente. Los errores siempre pueden rectificarse o compensarse a través de actitudes y resoluciones nuevas.

La infancia es el prototipo de la vida adulta. Se lleva a cabo un conjunto de experiencias y encuentros, a base de reveses y fracasos, así como de éxitos y aciertos. Este prototipo, como el de un coche, sufrirá transformaciones a lo largo del tiempo, así como modificaciones, cambios, añadidos, mejoras y ajustes que, poco a poco, permitirán diseñar y más tarde establecer una personalidad original, parecida en muchas cosas a los demás, y no obstante totalmente distinta. Sobre un mantillo hereditario y sobre la base de un brote específico y totalmente individual se irán sumando con el tiempo todas las experiencias familiares, después sociales y, al mismo tiempo, individuales, que acabarán constituyendo la persona adulta. Si este recorrido progresivo se lleva a cabo en buenas condiciones, la persona acabará hallando su lugar en la sociedad de los seres humanos y se preocupará de colaborar con los demás en el seno de la comunidad a la vez que conserva su autoestima. Si, por el contrario, este recorrido ha estado sembrado de dificultades, a la persona le costará hallar un lugar en el seno de la comunidad y experimentará un déficit de personalidad que intentará compensar de una manera u otra. La autoestima, como la define la National Association for Self Esteem,[10] se construye sobre la seguridad, la identidad, la pertenencia, la determinación y la competencia. El niño tiene necesidad en primer lugar de *seguridad*, tanto exterior como interior. Es una buena base *identitaria* para conocerse y reconocerse («soy único y diferente»). A continuación puede abrirse positivamente a los demás (sentimiento de *pertenencia* a la comunidad: «Soy importante para los demás») y establecer, por tanto, su sentimiento de *determinación* a partir de objetivos y proyectos que le permitan tener confianza y dar un sentido a la vida. De ahí nace su sentimiento de *competencia*: con desafíos y retos a su medida, el niño aprende a reconocer sus capacidades y se hace consciente de su valor personal. Las experiencias familiares, sociales e individuales de nuestra infancia son los terrenos en los que se apoyan y articulan nuestros recuerdos.

Los temas que he elegido y desarrollado debían ser muy concretos y restringidos para no desbordar el marco empleado: ¿de qué manera nos gobiernan nuestros recuerdos? Algunos aspectos innovadores de mi enfoque de los recuerdos me obligan de todos modos al más estricto rigor metodológico y me parecía esencial precisar los aportes de nuestros ilustres predecesores acerca de esta cuestión. Interpretar es a la vez esmerarse en dar un sentido y traducir, pero este acto no deja de ser, por la naturaleza de las cosas, eminentemente subjetivo. *Traduttore, traditore*, dicen los italianos (traductor igual a traidor), y es cierto que una interpretación, sea la que sea, siempre corre el riesgo de traicionar. Así pueden encontrarse, junto a excelentes obras científicas, libros que podrían calificarse de extraños, por no decir peligrosos. En cuestión de recuerdos, como de otros temas, la interpretación debe mantener su carácter de análisis y no derivar hacia la "profecía".

3. LA MEMORIA, EL RECUERDO
Y EL OLVIDO

«El olvido no es lo contrario de la memoria.»

PAUL RICOEUR

Entretien avec Jean Blain

Las personas no somos iguales en términos de memoria. Algunas cuentan con una memoria prodigiosa mientras que otras tienen dificultades incluso para ordenar sus ideas y su memoria de manera coherente. Freud se situaba en el primer grupo: «De colegial, para mí era un juego repetir de memoria una página entera que acababa de leer, y poco antes de convertirme en estudiante, era capaz de recitar casi palabra por palabra una conferencia popular, de carácter científico, que acabase de escuchar».[1] Hay que reconocer que poca gente disfruta de capacidades tan extraordinarias.

¿POR QUÉ NO SUELEN TENERSE RECUERDOS DE LOS DOS O TRES PRIMEROS AÑOS DE VIDA?

En un artículo titulado «Los recuerdos del bebé» (no pase por alto el plural), aparecido en el n.º 31 de la revista *Pour la science*, el periodista señalaba una paradoja. ¿Por qué –se preguntaba– existe en el niño una *amnesia infantil* (Freud) que le impide una vez adulto tener recuerdos de los dos o tres primeros años de vida, cuando el bebé dispone de un sistema nemotécnico (dicho de otro modo, que tiene que ver con la memoria) fuera de lo común y sus experiencias precoces están ahí para reforzarlo? Al estudiar la memoria del bebé a largo plazo, los investigadores llegaron a la conclusión de que a pesar de que las estructuras cerebrales indispensables para las diversas formas de memorias ya están presentes y funcionan en parte en el recién nacido, su sistema nemotécnico todavía es inmaduro. Y además, los sucesos de la primera infancia carecen de índices de recuerdo que le permitan anclar de manera más concreta el recuerdo en su memoria, como puede hacer, por ejemplo, con un objeto. La ausencia de acceso al recuerdo y la inmadurez del sistema nemotécnico serían, pues, las dos razones de la amnesia infantil.

Pero todos los estudios no desembocan en la misma conclusión. Se han realizado infinidad de estudios con bebés, muy interesantes, relativos al aprendizaje y al recurso a la memoria, a fin de comprobar el funcionamiento de esta, con la ayuda de sonajeros, móviles, carrillones, etcétera. En un artículo titulado «Los recuerdos de los bebés», Carolyn Rovee-Collier y Scott A. Adler, explican, a propósito de un estudio de discriminación auditiva: «Los resultados demuestran que ciertas experiencias que se remontan al período prelingüístico de los niños se conservan durante un período que incluso llega a ser de dos años». Y más adelante: «Las capacidades memorísticas de los niños de pecho y de los niños pequeños están de hecho más elaboradas de lo que se creía hasta el momento y no son fundamentalmente distintas de las capacidades de la memoria de niños más mayores o de los adultos normales». Y acaban con la cuestión de la amnesia infantil, postulando: «La incapacidad de los adultos para recordar experiencias de su primera infancia no puede atribuirse a una insuficiencia de la memoria de los niños de pecho ni de los niños pequeños [...] Los recuerdos de los niños de pecho pueden seguir conservándose bastante tiempo después de su adquisición del lenguaje, lo que excluye la hipótesis de la amnesia infantil».[2]

Todos somos muy distintos y nuestra memoria no se parece, de hecho, a ninguna otra. Igual que algunos cuentan con una capacidad de memoria prodigiosa, también los hay que tienen recuerdos más precoces que otros. ¿A qué se debe? Por el momento sigue siendo un misterio.

¿POR QUÉ SE PIERDE MEMORIA CON LA EDAD?

Aunque durante decenios la memoria humana ha constituido un tema de investigación poco frecuente, ya no es así. En su introducción al número especial de *La Recherche* dedicado a la memoria,[3] el profesor Édouard Zarifian escribía: «Hace veinte años, en Francia, no había posibilidad de investigar sobre la enfermedad de Alzheimer. Hace quince años, no se osaba hablar en las familias. Hace nueve apareció en las farmacias el primer medicamento (la tacrina). En la actualidad, las asociaciones de familias se hacen escuchar, los pacientes se expresan, el coste económico se ha cifrado y el reconocimiento de la dependencia se ha convertido en un objetivo político. El silencio, la vergüenza, la resignación y la fatalidad ya no están bien vistos». Como suele ocurrir en medicina, un saber se desarrolla a partir de una enfermedad. La de Alzheimer es de ese tipo. Las investigaciones realizadas sobre el cerebro y la memoria se han desarrollado considerablemente. Podría decirse que no pasa una semana sin que se anuncien novedades en revistas científicas tan prestigiosas como *Nature* o *La Recherche*. Los progresos ya no se cuentan de año en año, sino de mes en mes, por no decir que son semanales. Lo mismo sucede con las neurociencias y con las imágenes médicas, que permiten comprender mejor los mecanismos cerebrales y sus patologías. Gracias a esos progresos se ha cuestionado el *dogma* según el cual el número de neuronas en el ser humano se había fijado de una vez por todas, sí como que las células "nobles" no se renovaban. Lo hizo un equipo estadounidense-sueco en noviembre de 1998.[4] Los investigadores han demostrado que ciertas zonas del cerebro eran totalmente capaces de regenerarse bajo ciertas condiciones. Sólo hay que imaginar lo útil que sería esa capacidad en la lucha contra las enfermedades neurodegenerativas tipo Alzheimer, Parkinson, esclerosis múltiple o la distonia infantil.

La cuestión de la pérdida progresiva de memoria preocupa a todos los adultos que van haciéndose mayores. Este problema cobra cada vez más importancia con el aumento de la esperanza de vida, lo que provoca que bastantes personas acudan a las consultas médicas, temiendo un inicio de Alzheimer. ¿Qué dice la ciencia al respecto?

Los puntos de vista sobre esta cuestión son dispares. En general, los especialistas se ponen de acuerdo para decir que con la edad las capacidades neuronales se tornarán menos importantes. J.-Y. y M. Tadié explican que la atrofia (disminución) de los lóbulos frontales, visible mediante resonancia magnética, va acompañada de una dificultad a la hora de encontrar el origen de informaciones y recuerdos.[5] Pero, por otra parte, se sabe que el número de neuronas en el ser humano no es fijo y que las células "nobles" se renuevan. Así pues, perdemos nuestras neuronas un poco como se pierde el cabello, lo que es muy relativo y ocurre de manera muy distinta, dependiendo de las personas. Por ello, cuando Freud señala en el capítulo titulado «Olvido de impresiones y proyectos»: «Mi memoria no deja de debilitarse»,[6] pienso que hay que relativizar sus afirmaciones y tener en cuenta que dispuso de una memoria notable hasta el final de su vida.

Ya sabemos que la memoria no depende de las personas, pero también que es cuestión de inversión personal y ejercicio. Dicho de otra manera, depende en buena parte de nuestra propia actitud frente a la vida y de nuestro rigor personal. Ahora bien, probablemente sea ese su punto débil. Al ir teniendo una edad, cuando llega la jubilación, las diversas actividades que nos mantenían despiertos y vigilantes se interrumpen o desaparecen. La vida cotidiana se torna cada vez más repetitiva y nuestra memoria se ve cada vez menos solicitada. Y eso va siendo más normal porque, como la esperanza de vida no deja de aumentar, ya no se habla únicamente de tercera edad, sino de cuarta y ahora ya incluso de quinta.[7]

La psicología ha comprendido finalmente que existía una necesidad acuciante por parte de la población que envejecía de no dejar que la memoria se durmiese. Algunos médicos han creado grupos de memoria en los que las personas practican ejercicios nemotécnicos destinados a disciplinar su memoria y mantenerla viva.[8]

Memoria histórica y memoria del instante

Con la edad, la memoria se va, pero el recuerdo permanece, dice el adagio. ¿Por qué permanece el recuerdo? Sin duda he sido uno de los primeros que ha trabajado en Francia en el marco de una residencia de ancianos con lo que en aquella época denominé la "gerontología dinámica". Esta gerontología dinámica consistía ni más ni menos en una psicoterapia de grupo para ancianos. Con, evidentemente, algunas adaptaciones, pero sin diferencias esenciales respecto a los grupos de adultos. Hablábamos juntos de una cuestión teórica particular, y después yo intentaba que verbalizasen sus problemas. No sé si alcanza a imaginarse lo que eso puede dar de sí cuando hay que ocuparse de la dinámica de un grupo de quince personas, hombres y mujeres, que van desde los 78 a los 98 años, provenientes de medios extremadamente distintos por no decir opuestos. Para mí fueron unos años extraordinarios y muy formadores. No se puede abusar moral, psicológica o filosóficamente de un anciano; hay que ser totalmente sincero pues, salvo por una enfermedad particular, cuenta con todas sus facultades mentales y no se deja engañar. La mejor recompensa que recibí fue cuando esas personas vinieron a decirme después del trabajo de grupo: «Hemos aprendido mucho hoy, señor Patrick». Me doy cuenta de lo pionera que fue la residencia que confió en mí en esa época, pero sobre todo soy consciente del trabajo que todavía está por hacer para poder ampliar la gerontología dinámica a los programas semanales de todas las residencias de ancianos.

Lo que más me sorprendía, frente a esas personas de edad, era el desfase que existía entre su memoria histórica y su memoria del instante. Eran capaces de contarte montones de datos muy concretos sobre la historia de Francia, la geografía, la literatura y las matemáticas, pero todas experimentaban dificultades a la hora de decirte lo que habían hecho esa misma mañana o lo que acababan de comer. Es un problema muy familiar para los geriatras, que intentan solucionar mediante medicamentos llamados "pronemotécnicos" (que favorecen la memoria). Los laboratorios de investigación estudian diversas pistas, y los medicamentos de cuarta generación parecen ser más prometedores. En un artículo fechado en febrero de 1999 y titulado «Los medicamentos y la memoria humana», el profesor Hervé Allain, neurofarmacólogo en la

Universidad de Rennes, escribía: «Dado que numerosas modificaciones del sistema nervioso central relacionadas con la edad fisiológica o con la demencia están asociadas a una pérdida de neuronas, el uso de factores de crecimiento para prevenir o retrasar la muerte celular podría tener un considerable impacto en la conservación de la memoria y de otras funciones cognitivas. El descubrimiento de medicamentos activos sobre los procesos nemónicos parece ser el desafío actual de la neurofarmacología contemporánea». Y no simplemente a nivel de farmacopea; también de suplementos alimenticios. A lo largo de los últimos años se ha desarrollado un considerable mercado para diferentes "productos milagrosos" que supuestamente refuerzan nuestra memoria debilitada. El mercado de la memoria en Estados Unidos representa una cifra de 10 millardos de dólares, de los cuales 350 millones corresponden al ginkgo biloba (un árbol del que se utilizan las hojas y las flores. Se conoce en la medicina china desde hace cuatro mil años. Su manera de actuar es un misterio, pero se está de acuerdo en creer que actúa sobre el sistema circulatorio; al dilatar arterias y capilares, limitaría los estragos causados por la oxidación de los tejidos y de la materia gris).

Desde los chicles bautizados como *brain-gums* que se supone diseminaban de manera progresiva en nuestras neuronas un optimizador llamado fosfatidilserina (o simplemente FS), a fin de evitar la pérdida de memoria o la disfunción mental (parece que todavía se vende en Internet), hasta los famosos omega-3 de los que siempre se descubren nuevas indicaciones, sobre todo para el cerebro (memoria, trastornos deficitarios de la atención, hiperactividad, pero también psicosis maniacodepresiva, demencia, enfermedad de Alzheimer...), los productos que lo hacen al rescate de nuestra memoria lo hacen en primera plana. Citando el caso de un joven (Keith) al que los médicos no acertaban a curar la depresión y al que se le propuso como último recurso un tratamiento a base de aceite de pescado purificado, David Servan-Schreiber escribe en su libro *La curación emocional*: «Al repetir las pruebas al cabo de nueve meses, pudo constatar que el metabolismo del cerebro del joven se había modificado por completo: no sólo se habían reforzado las membranas de las neuronas, sino que no mostraban ningún rastro de pérdida de componentes... Lo que había cambiado era la propia estructura del cerebro de su paciente».[9]

Si como ya he dicho anteriormente, las personas de edad muestran un desajuste entre memoria histórica y memoria del instante, con los adultos de mediana edad funciona de otra manera; sobre todo si se les pregunta a bote pronto. Freud señaló esta cuestión en los primeros capítulos de *Psicopatología de la vida cotidiana*.[10] Yo mismo padecí una humillante demostración al respecto.

Fue hace unos quince años, en el festival de Aviñón. Llegué con mi esposa el 13 de julio y bajábamos por la arteria principal que conduce a la secretaría del festival cuando se nos acercó un equipo de televisión y me preguntó si sabría cantar la primera estrofa de *La Marsellesa*. ¿Adivina qué sucedió? Respondí que desde luego. Se hizo sitio, ajustaron la toma de sonido y la cámara, y allí me lancé yo para declamar lo que me sabía de memoria desde siempre. «Marchemos, hijos de la patria, que ha llegado el día de la gloria...» De repente me quedé en blanco. «Libertad, libertad querida...» No, eso no era. ¿Pero qué era, entonces? ¡Ah, sí! «El sangriento estandarte de la tiranía está ya levantado contra nosotros...» Sí, claro, eso era, pero demasiado tarde. Ante la emoción, mi memoria había flaqueado. Eso era evidentemente lo que buscaba el equipo de televisión. Todos nos reímos con ganas y nos separamos. Pero a mí se me amargó la sonrisa cuando al día siguiente me enteré de que había salido en los informativos y que centenares de miles de personas me habían visto balbucear patéticamente *La Marsellesa*. Así funciona la memoria. Si se la solicita de manera espontánea, se muestra fiel; por el contrario, si se nos presiona, nos deja en la estacada.

Un gigantesco disco de cera...

Una de las cuestiones que preocupan a los especialistas desde hace bastantes años no sólo ha sido la de saber cómo se engrama la memoria en el cerebro, sino cómo y por qué retenemos tal o cual cosa en la memoria y por qué nos olvidamos de otras. Algunos, como por ejemplo Henri Bergson, piensan que no olvidamos nada y que todo lo que hemos almacenado en nuestra consciencia persiste de manera indefinida. Otros difieren enormemente en sus enfoques. Así por ejemplo, con motivo del congreso anual de la American Association for the Advancement of Science de Boston, Earl Miller,[11] un investigador del Massachussets Institute of Technology que presentó un trabajo sobre el córtex frontal y el pensamiento comparativo, estimaba que nuestra capacidad cerebral total sería probablemente incapaz de guardar en la memoria todos los momentos de nuestra vida y que en el transcurso de la evolución nuestro cerebro tuvo que aprender a "extraer" los puntos comunes de los diversos episodios vividos, para a continuación clasificarlos por categorías considerándolos en función de su utilidad y de su importancia vital. Para él, nuestro cerebro aplicaría, pues, reglas que nos permitirían afrontar situaciones nuevas, de igual manera que un animal que debe aprender a distinguir, a reconocer y a clasificar a los seres y objetos que componen su entorno, esta característica aligeraría la labor memorística del cerebro, que no debe retener la totalidad de las experiencias pasadas, sino solamente lo que resulta determinante para la supervivencia.

De todas maneras, aunque esta hipótesis pueda parecer racional y aceptable, por el momento no hay nada en ese sentido que haya sido científicamente demostrado. ¿Por qué no podríamos imaginar que el cerebro pudiera *zipar* (comprimir para archivar), igual que hace un ordenador, el rastro de las informaciones que nos llegan a través de nuestras diversas percepciones a fin de almacenarlo mejor? Mi visión se acerca más a la de Bergson que a la de Earl Miller. Para mí, el sistema cerebral es como un gigantesco disco de cera sobre el que se inscriben nuestras emociones. Dependiendo de la insignificancia, importancia o gravedad del suceso sentido o vivido, la punta de nuestro cursor existencial haría más o menos fuerza, grabando un surco profundo de intensidad irregular sobre el disco. Surco apenas imperceptible en caso de suceso poco importante, surco más claro o más profundo, en caso de vivencia intensa de una situación, surco muy profundo en caso de una magnífica experiencia existencial, ralladura o desgarro en caso de suceso muy traumático. De este modo, el recuerdo que he guardado de los pinos sombrilla sobre un fondo de cielo azul desde la primera vez que fui a Córcega, ha dejado en mí una huella (la prueba es que estoy contándolo), pero se trata de una huella que denominaría "estética". Por el contrario, el puñetazo que recibí en la nariz en el transcurso de una pelea sucia con un compañero cuando yo tenía siete años ha dejado una huella que está lejos de ser "estética", sino extremadamente "sensible" (recibir un puñetazo en la nariz desencadena un proceso lacrimal que hace que aunque el dolor sea razonable, los ojos empiecen a llorar, lo que aumenta la humillación sentida: 1) por el golpe sucio recibido, 2) por las lágrimas). Pero ni los pinos sombrilla de Córcega ni el puñetazo en la nariz han podido igualar nunca en profundidad la marca dejada por el primer gran beso de verdad que intercambié con una cierta Corinne, una noche, en la Promenade des Anglais de Niza.

Nuestra percepción emocional personal de las cosas, de acuerdo con la personalidad que nos hemos ido construyendo en el transcurso de nuestra existencia y a lo largo de nuestros encuentros (sucesos vividos, producidos o sufridos, éxitos y fracasos, etcétera), es lo que hará que sintamos tal o cual cosa como fútil o importante.

Hasta ahí llega mi comparación con el disco de cera. Pues nuestros recuerdos no son ni grabaciones ni catálogos ni álbumes de colecciones de sellos o fotos. No son inertes, se bañan en el magma de nuestro mundo emocional y son potencialmente dinámicos a lo largo de toda nuestra vida, un poco como un volcán, que sigue viviendo en el interior de la tierra. Toda situación emocional vivida es puesta en perspectiva y se reajusta continuamente respecto al conjunto de las sensaciones y los recuerdos potenciales que se devengan de ella. Así, en el momento en que le estoy hablando, y aunque no sufrí personalmente por esa catástrofe, me estoy acordando del drama de la ruptura de la gran presa de Malpasset, en Fréjus, en 1959; por entonces tenía yo 11 años. ¿Por qué ese pensamiento? ¿Se debe a una asociación de ideas (volcán → fuego → peligro → agua → peligro → presa → Fréjus)? Es muy posible. Este ejemplo me demuestra al menos que los recuerdos que viven en mí siguen estando muy vivos cuando los cuento.

TODO PUEDE SER UN RECUERDO

Todo lo que sucede en el perímetro de nuestra existencia o a nuestro alcance puede memorizarse, grabarse, como tal. En primer lugar, todo lo que atrae nuestros sentidos (olfato, vista, tacto, gusto, oído). Personalmente, nunca he vuelto a sentir el sabor de la primera tableta de chocolate que compré en Suiza estando de colonias, cerca de Maloya. Imagino que la calidad del chocolate nada tiene que ver, pero ese recuerdo "nutritivo" también debió compensar, de alguna manera, la ausencia de mi madre… Luego se tratará de todo lo que guarda relación con nuestro mundo de sensaciones y con nuestro mundo emocional: recuerdo la alegría que experimenté ante la idea de ofrecerle un regalo a mi madre con motivo del Día de la Madre (se trataba de un estuche rojo de fieltro que contenía un espejo). Y al final, todo lo que guarda relación simultáneamente con los unos y los otros. Puedo recordar la fragancia dulzona de las rosas del jardín, pero también me puedo recordar con más precisión la de las rosas del jardín de mi infancia. En este caso recuerdo que eran más grandes que mis mejillas y que hundía en ellas todo mi rostro, encantado de hacerlo.

Evidentemente, y eso suele ser así, tenemos la impresión de que cuanto más contundente haya sido un hecho, más posibilidades tendrá de figurar en el cuadro de honor de nuestros recuerdos. Pero nuestros recuerdos no se limitan, ni mucho menos, a los sucesos notables. Asimismo pueden fijarse en cosas que a priori darían la impresión de ser muy neutras (recuerdo la puerta del armario de la entrada) o muy estáticas (nuestro buzón siempre estaba roto). Aunque no parezcan nada, estos recuerdos tienen su justificación, evocan algo. Y si de entrada no parecen decir nada, lo cierto es que acaban siendo muy elocuentes cuando se ponen en perspectiva junto con otros elementos vitales.

Nunca sabemos demasiado acerca de lo que nos está diciendo un recuerdo que se expresa poco. Uno se siente tentado a pensar que el recuerdo nos habla "tangencialmente", pero en realidad sería más bien al contrario. Somos nosotros los que no sabemos escuchar. Cometemos un error de percepción o de interpretación, un poco como cuando hemos de testificar ante la policía en relación con un ladrón que se ha escapado. Uno lo describirá de una manera, otro de otra, un tercero de otra distinta, etcétera.

Resumiendo, tanto si se trata de un ligero roce, de una ralladura o de un desgarro, todo lo que nuestro disco de cera ha percibido puede convertirse en un recuerdo. Basta con que el suceso o la cosa sea reactualizada a través del encuentro con otro suceso u otra cosa; tanto si este o esta guardan o no una relación directa con el recuerdo (se tratará entonces de lo que anteriormente denominamos el contenido latente del recuerdo).

Todos nuestros recuerdos (rememorados u olvidados) convergen hacia un único y mismo centro: nuestra propia persona. Ella es la que ha vivido lo que ha vivido, y la que se acuerda. Todo nos devuelve a ella, a su unidad.

Pero nuestro inconsciente no siempre está de acuerdo en dejar que nuestros recuerdos vivan como tales; puede querer ser un aguafiestas, por ejemplo, haciendo que los reprimamos. O que los reinventemos.

RECUERDOS OCULTOS, REPRIMIDOS E INVENTADOS

Nuestros recuerdos, al igual que nuestra memoria, dependen mucho del interés que pongamos en ellos. Si nos preocupan poco, o si, por diversas razones, nos vemos obligados a rechazarlos masivamente, nuestra vida consciente no podrá expresarse con toda la riqueza a la que tenemos derecho. A semejanza de la fórmula que pretende: «La cultura es lo que queda cuando se ha olvidado todo», me gustaría decir que el equilibrio psíquico es lo que queda cuando se ha reencontrado todo. Reencontrar un pasado oscuro, poner en orden cosas difíciles o dolorosas, son ejercicios que suelen echarnos para atrás. Quienes hayan leído mi libro *Comment je me suis débarrassé de moi-même* recordarán que para mí tampoco fue coser y cantar.

Todo puede ser un recuerdo, pero todo recuerdo puede olvidarse. Con "olvidado" no debemos pensar en "borrado", perdido definitivamente, sino extraviado en alguna parte, en los meandros de nuestra memoria. Este extravío puede ser *fortuito*, en la medida en que no tengamos una necesidad particular de ese tipo de recuerdo (por ejemplo, el color del caballo de Enrique IV me importa bastante poco). También puede ser *provocado* por nuestro inconsciente. De ser así pasaría a denominarse reprimido. Esto guarda relación, entre otras cosas, con lo que Freud llamó los recuerdos-pantalla, fragmentos de recuerdo destinados a ocultar otros situados en capas más profundas con un contenido reprimido o rechazado.

Hay personas que conozco en la consulta o en el curso de seminarios que me dicen que prácticamente no tienen ningún recuerdo anterior a la edad de ocho o diez años, e incluso anterior a los doce. Es como si un velo negro se hubiese posado sobre una parte de su infancia y no pudieran descorrerlo. A menudo se trata de una experiencia dolorosa pues se sienten como si les hubiesen robado una parte de la niñez. Como recordará, Freud lo dijo admirablemente: los recuerdos olvidados no están perdidos. A menudo, los sucesos que han conducido a que una persona extravíe sus recuerdos han ocurrido en el transcurso de períodos difíciles, angustiosos, incluso peligrosos, en el plano psicológico, emocional o físico. Por eso los recuerdos no acaban de hallar su lugar en el presente. La persona tiene la sensación de que si abre las compuertas, emergerán a la superficie todos sus recuerdos-pesadilla, devastando su campo de consciencia como si fuesen un tornado.

Para Freud, la amnesia infantil no tiene nada de natural. «Resulta sorprendente –dice– que todos esos procesos psíquicos hayan dejado tan poco rastro en la memoria, mientras que tenemos todas las razones para afirmar que todos esos hechos olvidados de la vida de la infancia han ejercicio una influencia determinante en el desarrollo ulterior de la persona.»[12] Retornando a Adler en esta cuestión, este explica que en el transcurso de la vida ulterior hay fuerzas muy poderosas que influyen y dan forma a la facultad de evocar los recuerdos de la infancia, y que son esas mismas fuerzas las que nos dificultan la comprensión de nuestros años infantiles. «Lo que hallamos en los supuestos recuerdos de la primera infancia no son los vestigios de sucesos reales, sino una elaboración ulterior de dichos vestigios, que ha debido efectuarse bajo la influencia de diferentes fuerzas psíquicas intervinientes a posteriori.»

Al denominarlos "supuestos recuerdos de la primera infancia", Freud pone en entredicho su autenticidad. La cuestión es interesante: ¿son nuestros recuerdos verdaderos o inventados? Si pasan por el filtro de nuestras percepciones –como evidentemente ocurre–, nos vemos obligados a admitir que son subjetivos. Por ello, aunque verdaderos para nosotros, no lo son obligatoriamente con relación a la realidad exterior. Para convencernos de ello no hay más que dejar que hermanos y hermanas cuenten un recuerdo de la infancia, y nos daremos cuenta de que a menudo se trata de historias totalmente diferentes, incluso diametralmente opuestas. Algunas veces se discute la existencia real de tal o cual episodio de la vida («Pero qué va, ¿qué estás diciendo?, ¡si nunca vivimos en casa del tío Alfredo!»).

La cuestión de la veracidad de los recuerdos suele poner en un aprieto a las personas en psicoterapia, sobre todo cuando se trata de recuerdos en los que está en juego la culpabilidad de otras personas. Experimentan cierto pudor en el momento de implicar a una persona que no esté presente para defenderse. En ese caso, yo les explico que los psicoterapeutas saben que lo que escuchan no es nunca la verdad exacta, sino una cierta percepción de la verdad. De hecho, lo importante de lo que se verbaliza no es la verdad, sino la percepción que el paciente tuvo de la situación o de la circunstancia rememorada, lo que Freud denominó «la elaboración ulterior de vestigios de elementos reales». Es importante que lo recordemos porque saldrá más adelante.

RECUERDOS REENCONTRADOS

Cuando los recuerdos afloran de nuevo en nuestra memoria pueden dar paso a una experiencia extremadamente fuerte y a veces dolorosa. Un joven escribía en un foro de discusión en Internet: «He mantenido muy malos recuerdos de mi infancia, que no oso decir, cosas que me han dejado marcado para toda la vida. Y eso no es todo. Qué es lo que debería hacer, porque siento que me atasco…».

A veces hace falta rememorar los recuerdos ocultos para poder ordenarlos definitivamente. Es uno de los objetos de la psicoterapia, precisamente. Entre los nuevos enfoques psicoterapéuticos hay uno que se denomina "método virtual". Se trata de un método que fue presentado en abril de 2005, en Laval, con ocasión de los Séptimos Encuentros Internacionales de la Realidad Virtual. El principio, explica la psicóloga Brenda Wiederhold, directora del Centro de Realidad Virtual de San Diego (California), consiste en sumergir gradualmente al enfermo en un entorno virtual que corresponda a la situación generadora de estrés, hasta que logre dominar su miedo, sus recuerdos o sus emociones. El paciente, equipado con un casco y guantes especiales conectados a un ordenador, se ve enfrentado a las escenas que le traumatizaron, totalmente seguro, sin salir de la consulta de su psicólogo, que se ocupa de sus reacciones y le guía durante el proceso. Más prudente, el profesor Skip Rizzo, que trabaja con trastornos cognitivos en la Universidad del Sur de California en Los Ángeles, sobre todo con veteranos de Vietnam y de las guerras de Irak, advierte: «Los resultados que obtenemos son muy alentadores, pero hay que tener en cuenta que esta técnica no es más que una herramienta. Nunca podrá sustituir por sí sola las competencias del médico o del psicólogo».[13]

Aunque los recuerdos traumáticos que emergen a la superficie pueden ser dolorosos, incluso extremadamente dolorosos, su *resiliencia* puede convertirse en una extraordinaria liberación. En un capítulo titulado «Dar sentido a una experiencia increíble», el doctor Antoine Guédeney, psiquiatra infantil, explica: «La resiliencia esta ligada a la capacidad de dar sentido a una experiencia increíble, de hacer un relato coherente. Se construye un relato para alguien, para ser recibido y comprendido, incluso a riesgo de ser malentendido, y para relacionar».[14]

Los recuerdos traumáticos reencontrados (pienso en concreto en los casos de incesto o de agresiones sexuales, pero también en agresiones como el robo o la violencia física contra alguien) deben poder ser registrados y aceptados para poder clasificarlos definitivamente como recuerdos. Marie-Thérèse, una de las primeras personas que acudió a mi consulta, hace casi treinta años, me escribió diciéndome: «He comprendido que hay que sacrificar el propio dolor, aceptar separarse de él, aceptar dárselo al otro, al psicólogo que tienes enfrente, para un día poder dejarlo definitivamente en su consulta».

Los recuerdos recuperados también pueden hacer referencia a sucesos felices. Con el paso del tiempo, cuando reflexionamos sobre nosotros mismos, tanto a través de la psicoterapia, o simplemente porque la vida nos conduce a ello (al decirlo pienso sobre todo en lo que el nacimiento y la vida de un hijo puede despertar en nosotros), uno reencuentra muchos recuerdos. Tal escena de la infancia, tal situación de no poder dejar de reír, tal imagen del parvulario o de la escuela primaria que hará que resurja en nosotros un recuerdo personal y tal vez un ápice de nostalgia se apoderará de nosotros, necesitando respirar hondo para absorber la emoción que de repente nos embarga. Sí, ese olor húmedo de la ropa planchada con el paño de planchar tal vez le haga re-cordar que le encantaba que su madre le dejase planchar un pañuelo con la plancha ardiendo. Eso también es la vida, con toda su simplicidad. Y también, probablemente, con toda su belleza. Los recuerdos de la infancia apelan a reflexiones más serias, muy científicas, pero asimismo nos llevan a la poesía, incluso a lo *kitsch*. ¡Se puede pasar sin transición de Freud a Proust y a Sissí (sí, la emperatriz, locamente enamorada de Curd Jurgens)!

Paul Ricoeur explica: «Vi que el olvido tiene dos caras. Primero está el olvido definitivo. Es el olvido del borrar, de borrar todos los restos en el cerebro. Todo lo que deja huella puede destruirse. Pero también hacemos la experiencia inversa: el retorno de ciertos recuerdos nos muestra que olvidamos menos de lo que imaginamos. De repente, te encuentras frente a fragmentos enteros de la niñez. Veo el campo del olvido como una especie de competición entre un olvido de eliminación y lo que denomino "el olvido de poner en reserva"».

Finalmente, ¿de qué sirve olvidar un recuerdo? La respuesta es simplísima: precisamente para olvidarlo. Dicho de otra manera, si olvido, es porque tengo buenas razones para hacerlo. ¿Para qué sirve acordarse de un recuerdo? Para acordarse. En efecto. Como dice Marie Cardinale en su libro *Las palabras para decirlo*,[15] podría afirmar que los olvidos son cerraduras, pero en este caso no abren obligatoriamente las puertas que en apariencia se espera. Tengo ganas de bromear pero, de hecho, mis palabras son serias. Los olvidos, como los recuerdos, operan en el seno de una dialéctica. Al examinar dicha dialéctica me he dado cuenta de que no sólo estaba "viva", sino que también estaba sostenida por una auténtica estructura dinámica.[16] Esta estructura dinámica nunca ha sido, que yo sepa, real y sistemáticamente analizada, como intentaré hacerlo ahora con usted.

4. EL ALMA DE LOS RECUERDOS

«La infancia es el terreno sobre el que caminaremos toda
nuestra vida.»

LYA LUFT
Pertes et profits

NUESTROS RECUERDOS OCULTOS
TIENEN ALMA DE NIÑO

Nuestros recuerdos son curiosos porque se memorizan en
nuestra cabeza, pero se conservan en el corazón. Con pocas
excepciones, el corazón es quien lleva la batuta, el que los or-
questa, los dirige y los pone en sordina. También es él quien
impone el silencio cuando es necesario o en caso de urgen-
cia. Este corazón, por extraño que parezca, no es un corazón
de adulto, sino de niño. Es un corazón de niño porque él es
el que, desde su primeros latidos, o si lo prefiere, desde sus
primeras emociones, probablemente ya desde su vida intrauterina, ha diseñado y puesto en marcha el protocolo de nuestro sentir personal, traduciendo en emociones y sentimientos
nuestras primeras percepciones y sensaciones.

Nuestros recuerdos no tienen nada que ver con nuestra
edad civil. C.G. Jung nos recuerda: «En el adulto hay un
niño, un niño eterno siempre en estado de devenir, jamás ter-
minado, que necesitará cuidados, atención y educación constantes».[1] De este niño siempre en crecimiento y jamás acaba-

do, es de donde provienen las emociones ligadas a nuestros recuerdos y al mismo tiempo, y paradójicamente, es justo de él de quien tratan.

Vamos a realizar un experimento juntos. Cierre los ojos e intente evocar un recuerdo. Yo haré lo mismo. El que me ha venido de manera espontánea es uno en el que me veo en el camino derecho del jardín de mi primera infancia (así pues también había uno a la izquierda, pero curiosamente no lo recuerdo), que es de tierra batida, y donde hay un árbol en flor. Es el camino que lleva al portal. ¿Por qué he ido en busca de este recuerdo? En realidad, me doy cuenta de que he hecho un poco de trampa porque he evocado, a sabiendas, un recuerdo de infancia. En esta ocasión aparece la mirada de una joven que fue muy importante para mí. Tenía una mirada asombrosa, muy dulce.

Como podrá constatar, mis dos recuerdos pertenecen a mi mundo emocional. Y supongo que lo mismo le ha ocurrido a usted. Saint-Exupéry nos advirtió: «Sólo se ve bien con el corazón».[2]

La díada[3] madre-hijo

El primer prototipo relacional del niño reside en la madre. El primer gran Otro (con una "O" mayúscula), como habría dicho Jacques Lacan. Esta primera relación generalmente ha empezado para ella mucho antes de la concepción de su hijo, tanto si ha deseado tenerlo "desde siempre", como si ha temido dicha eventualidad (a causa de los dolores del parto, malestar respecto a los niños en general, o simplemente por haber decidido no tener). Después llegará el embarazo y las primeras molestias (náuseas, senos doloridos…) que, no obstante, quedarán rápidamente compensadas por la vitalidad del bebé que se mueve, inquieto, dando paraditas o golpes con las manos, tras esa *membrana* protectora que es el vientre materno. Si hasta entonces el bebé era imaginario o fantaseado, a partir del momento en que empieza a moverse comienza a ser representado de manera concreta, sobre todo después de haberlo visto –e incluso *fotografiado*– gracias a la ecografía practicada por el médico.

A partir del cuarto o quinto mes y hasta el último día antes del parto, madre e hijo se estarán comunicando continuamente, cada uno a su manera. Esta comunicación no es una imagen poética, sino una realidad concreta. Entre los investigadores que se han ocupado de la cuestión, el especialista holandés Franz Veldman es uno de los que más lejos ha llevado sus trabajos. A título de información, Franz Veldman definió la haptonomía como la ciencia de la afectividad, es decir, la ciencia de las interacciones y de las relaciones afectivas humanas. Una de las mayores defensoras de la haptonomía perinatal en Francia es Catherine Dolto-Tolitch. Vale la pena observar cómo tanto Veldman como Dolto-Tolitch conducen a los padres a través del tacto para que "jueguen" con el niño e incluso le "acunen" *intramuros*. Por medio de esta relación entre tres, el niño y los padres se *confirman afectivamente* y se refuerza su seguridad de base. Como dice bellamente Catherine Dolto-Tolitch: «Abre el corazón, y eso lo cambia todo».

Por el momento, no se ha establecido científicamente la capacidad del bebé para almacenar recuerdos durante la vida intrauterina; no obstante, podemos pensar que siente muchas cosas y que sus sensaciones deben engramarse en el cerebro. «¡Ah! ¡Si el bebé se acordase! ¡Si pudiera describir sus metamorfosis, el hormigueo de sus células en la intimidad de sus tejidos, si pudiera decir lo que ha sentido, si pudiera recordar el nacimiento de la vida…», decía Dominique Simonnet al inicio de su libro *Vivent les bébés!*[4] «Pero mira por dónde, los primeros nueve meses de su existencia permanecen en la sombra de su memoria. Cuando despierte a la luz, se desvanecerá el recuerdo de su estancia en la caverna uterina…» En cambio, de ahora en adelante podrá conocer a su madre. Exteriormente. Este *conocer* se llevará a cabo a través de la piel, con los primeros contactos carnales, desde luego, pero también mediante el intercambio de miradas. Miradas tan esperadas, probablemente, tanto por un lado como por el otro.

«Cuando nace un bebé –explicaba la pediatra Edwige Antier en el transcurso del 61.º Congreso de Maternología–, grita para respirar, y a continuación, abre sus ojos. Tiene una mirada muy extraña, muy profunda. Pero de hecho intenta saber quién es, pues no lo sabe. Se encuentra perdido en la niebla de este inmenso universo. Y lo que hará que viva es cruzar, encontrar la mirada de su madre, que le proporcionará una emoción intensa y su inteligencia. Al nacer, la inteligencia es emocional. La mirada es tan importante como el oxígeno… Hallar la mirada de su madre es vivir, existir.»

Comparto el punto de vista de Edwige Antier. A lo largo de nuestra primera infancia y de nuestra niñez intentaremos buscar, cultivar y vivificar esa emoción intensa nacida de esa mirada que nuestro cerebro engramará como una referencia primordial. ¡Qué no se daría a cambio de ser amado! Más adelante, bastantes años después, será ella, esta emoción intensa, la que nos seguirá a través de nuestra vida adulta y nos recordará, con mayor o menor felicidad, cuando nos abandonemos a recordar lo que vivimos de niños.

Tras el nacimiento, y después, en el transcurso de los meses posteriores, el bebé continuará percibiendo muchas sensaciones en relación a su madre, a la que irá "construyendo" poco a poco, a la vez que él *se* construye. Primero a través de ella, en una relación simbiótica, y después, cada vez con mayor independencia de su imagen. Esta época corresponderá a lo que Jacques Lacan denominó la fase del espejo. Se trata de una fase importante pues lleva al niño a percibir su unidad corporal. Alrededor del decimoctavo mes, el bebé se hará consciente de que es diferente de su madre, pero también de que la necesita. Más tarde, hacia los treinta meses de edad, se reconocerá en el espejo. Pero por liberador que pueda ser este proceso de individuación, el niño guardará para siempre la huella de la relación simbiótica con su madre, y, al crecer, esta relación vivida cotidianamente a través de los intercambios y las experiencias continuará marcando su historia, y tal vez, incluso, también su destino.

LA DÍADA PADRE-HIJO

En cuanto a la relación del padre con el bebé, es necesario reconocer que durante mucho tiempo se le atribuyó un papel más que marginal. Yo diría que casi una posición de espectador. Encajando con los clichés más elementales, este papel se limitaba esencialmente a soportar los cambios de humor y los antojos súbitos de su esposa y a contemplarla. Cuando se interesaba por lo que sucedía *en el interior* del vientre, era más como un juego («¡Anda, cómo se mueve ahí dentro!») que como padre *iniciado*.

Aunque es cierto que asistir al nacimiento del hijo se ha convertido en "moda", me parece que hoy sigue habiendo bastantes médicos y padres que subestiman el papel del padre. Pues *también* él es un gran Otro; pero a su manera. Y si durante nueve meses no tiene voz ni voto, lo cierto es que se le ha *escuchado*.

Las observaciones relatadas por Franz Veldman y Catherine Dolto-Tolitch respecto a la relación que puede establecerse entre el padre y el hijo en el vientre de la madre muestran hasta qué punto el feto está activo, vivo… y reactivo. Didier Dumas también se ha interesado en el tema: «Tanto si el padre –escribe– acaricia el vientre de su esposa como si le habla, el niño lo siente a través de las vibraciones producidas por la caricia o la voz paterna incluso antes de disponer de una configuración auditiva funcional, al recibir las vibraciones que crean en la pared uterina». Para él, el feto no sólo escucha la voz de su padre, sino que tendría tendencia a buscarla.[5] Por esa razón, la haptonomía concede tanta importancia a que el padre no sólo *asista* al parto, sino que *participe* de manera activa en el nacimiento de su hijo.

Como ya habrá constatado, el papel del padre está lejos de limitarse a servir los caprichos de la señora durante este período delicado. En la actualidad se reconoce –aunque algunos todavía no captan su amplitud– la importancia del padre que, no sólo acompaña a la mujer durante el embarazo, sino que se hace cargo de su parte de la relación, tanto durante la vida intrauterina como tras el nacimiento del niño. No es un segundón, sino un coprimer gran Otro. Esta cuestión de la tríada afectiva es capital, pues implica directamente al padre, más que nunca antes, en el nacimiento del recién nacido y su sentimiento de seguridad. Está directamente implicado en el proceso del embarazo, el nacimiento y la vida del niño. Al involucrar al padre de manera más directa me atrevo a pensar –y a decir– que al excluirle nos arriesgamos a encerrar al hijo en una relación dual con su madre que podría resultar "asfixiante". Así pues, los nuevos padres no son simplemente una moda lanzada por algunas revistas de psicología en busca de la primicia mediática.

Se trata de una importante evolución sociológica y psicológica cuyos efectos pueden observarse en la consciencia colectiva.

LA TRÍADA MADRE-PADRE-HIJO

Aunque es cierto que la relación madre-hijo y la relación padre-hijo no tienen nada de evidente, las cosas no van a simplificarse al intentar conjugar a los tres. Las relaciones interhumanas que se tejen en el marco familiar también son un factor de creación de limitaciones, resistencias y dificultades, sin contar con los papeles restrictivos que la sociedad asigna a la posición de cada uno.

La madre y el peso de la injusticia

Aunque por un lado la madre está contenta de que el niño tenga un padre y que ella pueda mostrar de cara al exterior la imagen de una familia unida, a menudo vivirá de manera bastante ambigua el hecho de que este reivindique su lugar. ¿Por qué debería beneficiarse (el padre) de un privilegio tan enorme, si no ha hecho nada, aparte de *asistir* al embarazo? ¿Acaso ha sido él el que ha llevado al niño? ¿Ha sido él el que ha soportado los disgustos, pequeños o grandes? ¿Ha vivido las angustias y el dolor del parto? Y ahora que empiezan a llegar los ratos buenos, ¿quiere compartirlos en pie de igualdad? Seamos francos: en la mayoría de los casos, las cosas no se dicen de esa manera. La mujer se hará cargo *de facto* de lo esencial de la relación con el bebé (ella al menos sabe lo que hay que hacer…). En cuanto a él, medio irritado, medio sintiéndose dejado al margen, se contentará con la intendencia. Y como del contento a la alegría no hay más que un paso, no tardará en darlo: cuanto menos se le solicite, mejor se portará. Eso ha hecho que Christiane Olivier diga: «Muy a menudo da la impresión de que el empeño de la mujer a la hora de reivindicar al hijo sea tan grande como el rechazo del hombre a asumirlo».[6]

El padre y las frustraciones colaterales

Aunque esté contento y orgulloso de convertirse en padre, el hombre puede padecer ciertas dificultades a la hora de aceptar la nueva situación provocada por el nacimiento. Mientras que hasta aquí disfrutó en exclusiva de su mujer y de su tiempo, a partir de ahora deberá compartirlos con el recién nacido. Sí claro, desde luego, la mayoría de los hombres desafiará esta realidad. ¡Resulta difícil admitir que se está celoso del propio hijo! Pero eso es precisamente lo que ocurre. Toda la atención que antes convergía en él será vivida como interceptada o desviada por y hacia el hijo. Y no tardará en relacionar la necesidad de ocuparse de un niño pequeño con el desafecto hacia él por parte de su mujer. No le hará falta más para que se sienta abandonado. Sobre todo si su esposa tiende a invertir la relación, ya sea para compensar su angustia relacionada con sus nuevas funciones como madre o para dejar libre curso a su amor por el bebé. Cuando a todo ello le añadimos las *frustraciones colaterales* a las que se enfrenta el hombre (no poder salir cuando quiere, no poder decidir espontáneamente una actividad, no poder hacer el amor como quiere, cuando quiere, donde quiere, sentirse obligado a regresar pronto a casa, no poder demorarse más con los amigos, etcétera), tenemos delante de nosotros el cuadro de un hombre que se sentirá abandonado, frustrado y celoso, y en consecuencia irresponsable.

El niño: ¡o Edipo o nada!

No es difícil imaginar lo que pesarán sobre el niño las influencias, presiones y proyecciones interparentales y familiares (tanto si se trata de demostraciones de amor, afecto o ternura, como de sentimientos de frustración, injusticia o rivalidades). Estas se ejercerán tanto a nivel consciente (no es necesario hacer referencia al inconsciente para percibir que la madre coge una rabieta o que el padre está de morros, o al contrario) como inconsciente (¿qué es lo que se puede decir o no decir, pero que de todas formas se entiende? ¿Y cómo se entiende o interpreta en el inconsciente del niño?).

El psicoanálisis nos enseña que, tras el nacimiento, el niño deberá atravesar varias etapas (oral, sádico-oral, anal, sádico-anal, fálica, el período de latencia, la etapa genital). Todas esas etapas jalonan el desarrollo del niño desde su nacimiento hasta que salga de la pubertad. Lo que concierne más directamente a la tríada madre-padre-hijo es la etapa fálica. ¿Qué se sabe de esta etapa, que el psicoanálisis sitúa entre los tres y cinco años de edad del niño? Las doctrinas discrepan. Al principio, Freud creyó que en el transcurso de la etapa fálica el niño desarrollaba un "orgullo del pene" y la niña una "envidia del pene". Otros, después de él, han rechazado una descripción tan anatómica y han pensado que se trata no tanto de un orgullo o de una envidia del pene, sino de la creencia en un símbolo de poder, lo que los psicólogos denominan el "falo", que corresponde más al "fantasma del pene" que al propio "pene". Para Freud, lo que él denomina el complejo de Edipo se daría al final de la fase fálica. Dicho en pocas palabras, durante este período el niño desarrolla una atracción hacia el padre del sexo opuesto y hostilidad celosa por el del mismo sexo. El niño se identifica con el padre, pero le teme porque le ve muy poderoso y capaz de castrarle. El padre es el que impide la realización del deseo sexual (prohibición del incesto). La niña, a semejanza del niño, se enamorará de su padre y considerará a su madre como a una rival, pero no sentirá angustia de castración porque no piensa en relaciones sexuales.

El psicoanalista Juan David Nasio presenta otro enfoque que me parece interesante. En un artículo titulado «Edipo: un mito indispensable»,[7] Nasio explica, a propósito del complejo de castración en la niña, que el pene no es el falo. El falo es el nombre dado al *fantasma del pene*. «Todo el mundo posee el falo, tanto la niña como el chico –asegura–. Lo es todo objeto fantasioso de alto valor afectivo. Por ello puede ser tanto el pene como el clítoris, el padre o la madre, pero también la casa o incluso una carrera universitaria.» Ahí es precisamente donde diverge la concepción de Nasio respecto a la de Freud. Para este, el complejo de castración de la niña empieza cuando se da cuenta de que el niño cuenta con un pene, mientras que ella no tiene. Por su parte, Nasio piensa que lo que cuenta no es tener o no tener un pene en el cuerpo, sino «que carece del índice de realidad que le confirmaría que ella detenta el poder del falo. Ella quiere tener –dice Nasio–, no el pene precisamente, sino lo que le permitiese mantener su ilusión». De ahí surgirá la desilusión, la nostalgia y el rencor respecto a la madre, que no la ha preparado ante la pérdida de esta ilusión. Mientras que para el chico la angustia es de castración, para la niña «la angustia es la de perder el amor del objeto amado».

El amor de la madre, el amor del padre y el amor del hijo por ambos padres son, como vemos, cuestiones muy delicadas, y los difíciles vados que hay que atravesar y los caminos que llevan a estos están repletos de misterios y de escollos, aunque también de promesas. Visto así, todo esto parece un camino iniciático. Un camino que nos conduce a nuestra construcción interior y que nos permitirá estructurarnos y determinarnos en tanto individuos, al mismo tiempo que es un camino que nos conduce hacia la vida exterior, pues todas esas experiencias y dificultades tienen por objeto convertirnos en personas capaces de vivir una existencia de adultos y de formar parte de la vida de la comunidad.

EL PAPEL DE LOS HERMANOS EN LA VIDA DEL NIÑO Y EN LOS RECUERDOS

Los hermanos y hermanas son el segundo gran polo de relaciones intrafamiliares, y los recuerdos relacionados testimonian la riqueza de los intercambios que se han producido en el seno de la familia. A este respecto hay que decir que forman totalmente parte de la información básica a la que me remito cuando pregunto a una persona acerca de sus recuerdos de la primera infancia. Aunque muchas personas no se sientan concernidas por haber sido hijos únicos, no por ello deja de tener interés.

La posición que hemos ocupado entre nuestros hermanos desempeña un importante papel en la percepción que tenemos de nuestra infancia y los recuerdos que guardamos de ella. Así es, la percepción del mundo varía totalmente dependiendo de si se ha sido hijo único, hermano mayor, menor o benjamín, si se ha nacido niño o niña, o si se ha tenido una hermana o hermano mayor, o menor, etcétera, de manera que podría decirse, como Pierre Dac al retomar una frase de Michelet: en materia de hermanos, «todo está en todo y a la inversa». Los sentimientos más nobles, así como los más viles, los apegos más tiernos, así como las actitudes más competitivas, las solidaridades y las traiciones. El episodio bíblico de Caín y Abel y la rabia del primero al ver que Dios ha preferido las

ofrendas de su hermano, es bien conocido, y como segura-
mente recordará, Caín acaba matando a su hermano. Aunque
–por fortuna– las relaciones interfraternales rara vez termi-
nan con tanto dramatismo, todos los padres que hayan tenido dos hijos o más pueden hablar al menos de un episodio en
el que uno de ellos haya apartado al otro. Ya se puede intentar criar a los hijos con armonía y equidad, que las diferencias
acabarán surgiendo y engendrando conflictos e incompren-
siones. Las diferencias, por un lado, y los sentimientos, por
otro, son los estabilizadores de las relaciones interfraternales.

Las diferencias

El corazón de una madre se multiplica pero no se divide. Pero
no me atrevería a asegurar lo mismo del de los hijos. La tensión resultante de sus diferencias hace, evidentemente, que
su coexistencia resulte complicada, por no decir difícil.

• Diferencias de sexo, en primer lugar, con toda la gama
de inversiones edípicas respectivas (las niñas por los padres,
los chicos por las madres). También diferencias de sexo en
la percepción de las cosas de la vida tal y como se manifiestan en las chicas y los chicos. Y también diferencias de sexo
en las concepciones sociales y religiosas de los padres y en
la elección del tipo de educación elegido para unos y otras.
Sería engañarse creer que los padres pueden educar "de la
misma manera" a chicas que a chicos. Y aunque ese fuera el
caso, la escuela y el entorno social de los hijos ya se encarga-
ría de inculcarles la diferencia.

• Diferencias de edad a continuación, con las diferencias
de madurez entre los hijos y, por tanto, de posibilidades de
acción, creando sentimientos de restricción y de pequeñez
entre los más pequeños, de obstaculización entre los mayores
y de injusticia en unos y otros.

• Diferencias de los centros de interés, con los pequeños queriendo siempre estar a la altura de lo que hacen los mayores, y estos últimos, por su parte, sin querer incluirlos en sus prerrogativas a fin de no sentirse disminuidos (si todos tienen derecho a lo mismo entonces ya no tiene gracia).

• Diferencias, lisa y llanamente, de carácter. El carácter es una maravillosa alquimia humana constituida a la vez por nuestra herencia genética, marcadores propios dependiendo de nuestro rango entre los hermanos y en nuestra constelación familiar, de nuestra constitución física y mental, de nuestra educación, de nuestra manera de ver la vida y, finalmente, de nuestro destino.

De todas esas diferencias nacen varias afecciones, es decir, sentimientos negativos, como celos, rivalidad, competencia, egoísmo, tendencia a afirmarse, etcétera, que marcarán nuestras relaciones con los demás y que influirán, claro está, en la orientación de nuestros recuerdos.

Los sentimientos

Por fortuna, junto a las afecciones también florecen bellos sentimientos humanos, como cuando vamos en busca de la hermana o el hermano mayor con la finalidad de hallar la comprensión, la ternura, el afecto, la admiración, la complicidad y la solidaridad para los que nuestros padres no siempre tienen tiempo, ocasión o capacidad de ofrecernos, ocupados como están tratando de aclarar sus problemas existenciales o psicológicos. Ser hermano y hermana (hermano o hermana), es hacerse compañía constantemente, durante casi todos los instantes del día y de la noche, sobre todo cuando se comparte la misma habitación. Los recuerdos de la infancia están repletos de esos momentos de vida compartida con dos o más niños, de intimidad relacional hecha de experiencias, descubrimientos, secretos, confidencias, pruebas iniciáticas tipo gran príncipe o princesa, de compartir las trastadas juveniles. Y si a veces es difícil soportarse, no es tanto por la falta de amor como por la falta de distancia, obligado como se está a ser testigo privilegiado, es cierto, pero forzado también, de la vida del otro. Cuando se es niño, y también de mayor, a veces habría que saber alejarse para reencontrarse mejor.

Los recuerdos de la infancia relativos a los hermanos y hermanas no sólo revelan el tipo de relaciones que la persona ha podido crear con ellos, sino que también son valiosos indicadores acerca del ambiente en el que vivía toda la familia y sobre las alianzas o las incompatibilidades que pudieran haber existido entre unos y otros.

El papel de los abuelos y de la familia extensa[8] en la vida del niño y en los recuerdos

Los abuelos y la familia extensa (tíos, tías, sobrinos, primos, primas, etcétera) son el tercer y último gran polo de las relaciones interfamiliares, y los recuerdos que les conciernen suelen estar llenos de ternura y complicidad, lo que no excluye, por otra parte, el rigor, e incluso la severidad.

Esos momentos pasados con los abuelos me los suelen presentar como instantes privilegiados que han marcado para siempre la vida de las personas. Mis abuelos murieron antes de que yo naciese. Así pues, siempre he sentido una mezcla de admiración y envidia por aquellos de mis compañeros cuyos abuelos estaban vivos y que, de cerca o de lejos, supieron ocuparse de ellos. ¡Ah, esos abuelos, qué *nivel* el suyo! Con ellos, los niños están de fiesta. Con una buena abuela o un buen abuelo, se puede hacer todo. Se pueden hacer trapacerías, desobedecer, hacer payasadas, diabluras, caprichos, mentir, ser injusto, y sabes que te querrán igual. Es muy sencillo, con ellos incluso los defectos son cualidades. No te miran ni te escuchan: te absorben.[9] Lo mismo podría decirse de los recuerdos de actividades o momentos vividos con y en casa de los abuelos (digo abuelos, pero también podría tratarse de otros miembros de la familia extensa con los que se haya disfrutado de una relación especialmente privilegiada). Esos recuerdos constituyen elementos temporizadores y estabilizadores sin igual del mundo emocional del niño, sobre todo cuando sus padres se muestran ausentes, indiferentes o irresponsables.

Sin embargo, algunos abuelos no encajan en esa imagen y dejan de lado su papel. Entonces surgen las mezquindades, arbitrariedades, injusticias y traiciones, en especial cuando no saben evitar mostrar preferencias entre los nietos. Terrible panorama el de los abuelos incapaces de abrir sus brazos para recibir ese amor incondicional que todo niño está dispuesto a dar a quienes quiere. Pero prefiero pensar que no se trata más que de la excepción que confirma la regla.

Los abuelos están casi siempre presentes, en un momento u otro, en los recuerdos de la infancia y ellos también testimonian el equilibrio relacional y el sentimiento social que la persona ha podido desarrollar respecto a los demás.

LOS NIÑOS DE FAMILIAS MIXTAS

Aunque no forma parte de manera "clásica" de la familia cercana o de la extensa, es necesario decir unas palabras a propósito de las relaciones que se dan en el seno de las familias mixtas, pues nuestros recuerdos suelen mostrar sus huellas. Una huella débil y dolorosa porque en ese hogar ha podido reinar la maldad, la arbitrariedad y el favoritismo, por parte del padre de acogida o de sus propios retoños, o bien un surco maravilloso y, sorpresa, muy fértil cuando se han sabido plantar hermosas semillas, a menudo desde una edad muy temprana, que han llevado a forjar un ambiente familiar respetuoso y cariñoso. En este último caso, no se apreciarán diferencias fundamentales en la calidad de los recuerdos entre familias clásicas y mixtas, pues, y es importante insistir en ello, lo que se manifiesta siempre es el alma del niño. Hablando con claridad, no por formar parte de una familia mixta sus recuerdos serán de segunda.

Por supuesto, cada situación familiar es particular. Algunos de ustedes habrán vivido en una familia mixta a consecuencia del fallecimiento de uno de los padres, y otros con motivo de una separación o un divorcio. Algunos habrán vivido en esa familia mixta desde su más tierna edad, otros desde la pubertad, algunos habrán tenido que aprender a vivir con hermanos y hermanas que no eran los suyos, y otros se han quedado de hijos únicos, pues el padre de acogida no tenía hijos.

Sea cual fuere la situación, si ha vivido en una familia mixta, lo habrá hecho con su sensibilidad y personalidad, y eso es lo que cuenta.

Lya Luft tenía razón: la infancia es sin duda el terreno sobre el que caminaremos toda nuestra vida. Este terreno está impregnado de todas las sensaciones, emociones y evoluciones que hayamos vivido desde el inicio de nuestra existencia. La infancia es nuestro terreno, y nuestros recuerdos el pavimento. A veces ese suelo pavimentado será plano y luminoso, y otras más bien resbaladizo, y también irregular y caótico, casi impracticable. Eso es precisamente lo que nos cuentan nuestros recuerdos. Pero ¿cómo lo hacen?

PARTE III:
CÓMO LEER E INTERPRETAR
LOS RECUERDOS DE LA INFANCIA

5. LA NUCLEARIDAD
MADRE-PADRE-HIJO
EN LOS RECUERDOS

«Nunca olvidemos que el significado de las cosas escucha-
das, a menudo no se revela sino más tarde.»

SIGMUND FREUD
La technique psychanalytique

CUÉNTEME UNA PRIMICIA DE SU VIDA

Cuando vivía en Berlín me gustaba, cuando las conversaciones empezaban a flojear, provocar un poco a mis amigos o
conocidos pidiéndoles a bote pronto que me contasen una
primicia, un notición exclusivo de su vida. A veces eso con-
fundía un poco al interlocutor pues, así por sorpresa, nunca se
sabe muy bien qué decir. Pero al mismo tiempo, yo también
me sorprendía en cada ocasión al constatar con qué facilidad
–una vez superada la sorpresa– la gente se abre a su pasado
cuando se le invita a hacerlo. Y lo que en principio no era más
que una broma, acababa casi siempre en un intercambio apasionante o profundo acerca de tal o cual circunstancia vivida. Hablar de los propios recuerdos también permite, y no es
poco, utilizar el superlativo sin correr el riesgo de ser tachado
de orgulloso. Como es historia antigua no importa.[1]

Una situación selectiva inhabitual

Cuando se le pregunta a una persona acerca de sus recuerdos de la infancia y se insiste en la primera infancia, esta se halla enfrentada a una situación selectiva totalmente inhabitual, y es así por tres razones.

• La primera es que existe una gran diferencia entre los recuerdos que acuden de manera espontánea cuando dejamos vagar nuestra mente y los que se buscan voluntariamente realizando un esfuerzo de memorización para alguien.

En el primer caso serán filtrados por su consciencia porque usted habrá contado con tiempo para reflexionar, elegir y escoger algunos recuerdos en detrimento de otros. En el segundo caso, lo que predominará será el debate cara a cara con el interlocutor y será sobre todo el inconsciente el que los buscará.[2] Evidentemente, usted siempre puede preguntarse cuál es el valor del experimento que le he pedido realizar al principio de este libro, a propósito de sus propios recuerdos. Digamos que, en este caso, quedará entre los dos. Si usted ha jugado al juego y ha escrito espontáneamente sus recuerdos, creo que en gran parte habrán sido dictados por su inconsciente. Si, por el contrario, es usted el que ha querido orientar el juego, entonces será su consciente el que habrá tomado la iniciativa y la interpretación de sus recuerdos estará sin duda un poco truncada.

• La segunda razón radica en la diferencia de percepción entre el hecho de ocuparse de los propios recuerdos a solas y el hecho de ser *preguntado* por alguien. ¿Recuerda mi anécdota de *La Marsellesa*? Si la tarareo mentalmente mientras estoy ocupado realizando cualquier futilidad, las palabras acudirán con naturalidad a la mente, mientras que si alguien me pide que entone la primera estrofa, y además ese alguien representa algún tipo de autoridad (y la televisión lo es, se lo aseguro), cuento con todas las probabilidades de confundir-me, pues entrará en juego la emoción. Cuando alguien nos pide que le contemos un recuerdo de la infancia, nos halla-mos en un caso más o menos parecido. Al vivir un momen-to relacional, nos hallamos en plena intersubjetividad y, por tanto, en una forma de *dependencia* (estoy sintiendo que es-peras algo de mí).

• La tercera razón es que en esa demanda hay algo que se parece a un proceso de sugestión hipnótica. Si le pido a al-guien que me cuente un recuerdo, estoy adoptando la posi-ción de interrogador, al mismo tiempo que coloco a mi inter-locutor en situación de ser interrogado, lo que crea un clima de sugestión. Este proceso hipnótico es reforzado por el he-cho de que la palabra "infancia" evoca por sí misma un con-junto de sensaciones particulares basadas en nuestros sen-tidos, en nuestras sensaciones, emociones, sentimientos y pensamientos afectivos.

Este triple efecto: 1) evocación del recuerdo por medio de un interlocutor, 2) de intersubjetividad, y 3) de sugestión, se orientará evidentemente hacia lo que más nos ha marcado en nuestro pasado lejano, a saber, todas las relaciones que he-mos vivido y desarrollado en el transcurso de nuestra prime-ra infancia y de nuestra niñez, y ante todo las vividas en nues-tra relación con nuestra madre y nuestro padre.

La nuclearidad madre-padre-hijo (nuclearidad básica)

En los casos clásicos, cuando se le pide a alguien que nos cuente recuerdos de su primera infancia, esa persona tende-rá a buscar, en primer lugar, en la díada madre-hijo, luego en la díada padre-hijo y, a continuación, en los hermanos. Es lo que denomino *la nuclearidad básica* o *clásica*. Esta integra en un segundo movimiento a la familia extensa (tíos y tías, primos y primas, madrina, padrino, abuelos, etcétera), a la que a continuación se añadirán otras personas externas (vecinos, comerciantes, el cartero, la directora del colegio, etcétera). A medida que el niño se desarrolla, esta nuclearidad englobará progresivamente a toda la comunidad en la que se inscriba, después a su cultura social y religiosa, y al mundo.

La nuclearidad básica puede aparecer en los recuerdos en un orden convencional (madre, padre, hermanos, etcétera), o por el contrario en desorden (hermanos, padre, madre), o hallarse totalmente ausente. A continuación aparece un ejemplo de cada caso. Para ser más explícito he indicado la persona en cursiva.

Recuerdos que aparecen en orden

Se trata de una joven de veinticinco años.

Primer recuerdo: a los tres años, *mi madre* instaló un asiento pequeño para mí en su bicicleta y me llevaba con ella a la tienda.

Segundo recuerdo: tenía ocho años, vuelvo a ver a *papá*, que vigilaba la iglesia. Un circo se instaló enfrente. Me veo delante del porche de la iglesia.

Tercer recuerdo: tenía tres años. Llevamos a *mi hermana* a la guardería y yo tuve un berrinche porque también quería ir, pero no tenía edad.

Ese es el caso clásico de desarrollo del recuerdo: 1) mamá, 2) papá, 3) mi hermana.

A continuación, tres recuerdos que no respetan dicho orden.

Recuerdos que aparecen en desorden

Se trata de un joven entre veinte y veinticinco años.

Primer recuerdo: tengo cinco o seis años. Juego en el patio con *mi hermano*, que tiene dos años más que yo, y hablábamos por encima del murete.

Segundo recuerdo: tengo unos cuatro años. Estaba obsesionado con las vacunas. *Mi madre* me había llevado al centro de vacunación.

Tercer recuerdo: no sé qué edad tenía, pero me veo de pie en mi plegatín (de hecho, quiere decir una cama con barrotes, pero es interesante que dé ese nombre a su cama), es por la mañana, espero que me *vengan* a buscar y, al mismo tiempo, intento bajar de la cama por mis propios medios.

En este ejemplo, primero aparece el hermano, luego la madre, y a continuación "vengan", que puede ser la madre o el padre.

A continuación tres recuerdos en los que no aparece el orden clásico.

Recuerdos en los que no aparece el orden clásico

Se trata de un hombre en la treintena.

Primer recuerdo: en Bretaña, yo tenía unos siete años y jugaba a policías y ladrones con *un amigo*. A mí siempre me tocaba hacer de policía y siempre perdía. No sé por qué.

Segundo recuerdo: estoy en Cannes, llueve, *una mujer* se ocupaba de mí y me había llevado a casa de una amiga suya.

Tercer recuerdo: en casa de *mi abuela*, en París, todas las habitaciones dan a la terraza. *Mi hermana pequeña* estaba muy enfadada, se revolcaba por el suelo dando puñetazos, mi abuela la cogió por las nalgas y la encerró en su habitación, pero mi hermana volvió a descargar su cólera en el salón.

Como puede constatarse, en esa serie de recuerdos no aparecen ni la madre ni el padre. En el primer recuerdo es un amigo, en el segundo, una señora, y en el tercero, la abuela y la hermanita.

En el caso de la primera serie de recuerdos podría decirse que la persona ha tenido una infancia *clásica*, en la que de alguna manera podríamos decir que sigue inmersa. Me explico: aunque parezca menos probable en nuestra época, en la que los roles femeninos y masculinos oscilan mucho, la imagen de la madre sigue estando muy teñida de la dimensión *afectiva y nutriente*; ella es, como dice la expresión, la que ha concebido al hijo en su seno y le ha permitido desarrollarse, ella es la que se ocupa principalmente de proporcionarle todos los cuidados necesarios y ella es la que le alimenta. Eso puede parecer caricaturesco y totalmente convencional, pero basta con hojear las revistas dedicadas a las relaciones mamá-bebé y observar los anuncios publicitarios para convencerse de que sigue siendo algo vital en nuestros días. Por otra parte, la imagen del padre aparece representando *la fuerza protectora y la seguridad*. Tradicionalmente, a él le corresponde el mantenimiento del orden y la defensa en caso de peligro. Mientras que la madre es la mediadora del mundo interior, el padre es el mediador del mundo exterior. La madre simboliza el afecto y la autoridad nutriente, mientras que el padre simboliza la autoridad de la protección y la ley. Dicho de otra manera, no se trata en este caso de una realidad de los papeles del padre y de la madre, sino de una *visión fantasiosa* del papel de cada uno.

Cuando una persona nombra sucesivamente a la madre y al padre en uno de los tres recuerdos de la infancia, podría deducirse que han desempeñado un importante papel en la vida de esa persona; sea cual fuere el significado que se le quiera atribuir a la palabra "importante". En efecto, el recuerdo puede ser positivo o reconfortante («Mi madre instaló un asiento pequeño para mí en su bicicleta»), como negativo o angustiante («Mi madre me llevaba al médico para vacunarme, algo que me horrorizaba»). Cuando escuchamos recuerdos, debemos evitar llegar a conclusiones inmediatas (si es eso, *entonces* significa aquello). En materia de interpretación de los recuerdos nunca existe ningún "entonces" definitivo. Es necesario poder revisar el punto de vista en cualquier momento en caso de que aparezca un elemento nuevo.

El hecho de que los padres no aparezcan en los recuerdos (como en la tercera serie) no es sinónimo de desventuras, de dificultades psicológicas ni de complicaciones graves. Simplemente se trata de una indicación portadora de información sobre las relaciones mantenidas con la madre o el padre, que pudiera revelar la existencia de un conflicto conocido desde hace tiempo («Sí, siempre ha existido una gran indiferencia entre mi madre y yo») o insospechado («¡Ah, pero si mantengo relaciones excelentes con mis padres!»). Conviene en cada ocasión colocar este dato en correlación con otros. Recuerde los tres recuerdos de mi propia infancia: el primero no trataba de mi madre ni de mi padre, sino de un jardín en Vendée y de un cazamariposas, el segundo hablaba de mis hermanos y hermanas, y mi madre sólo aparecía en el tercero. Volveré con ello más adelante.

Finalmente, nuestros padres pueden aparecer representados simbólicamente. Por ejemplo, la casa puede simbolizar el vientre materno, el alimento, su seno alimentador. Cuando evocamos un recuerdo de la primera infancia, entramos en contacto con esa parte emocional de la persona que se correlaciona con la ternura de la madre («No hay nada como una buena mamá») y la protección del padre («Mi padre es el más fuerte del mundo»).

CORINNE "ECHA" A LOS HOMBRES

Viene a verme Corinne, pues tiene un problema con los hombres. Al cabo de pocas semanas se torna insoportable y los *echa*, me cuenta. Querría saber por qué. Cuando le pido que me cuente un recuerdo de su primera infancia, acusa el impacto.

–¡Uf! Tengo muy pocos –me dice (después, tras un momento de reflexión)–: Tengo uno. Es de alrededor de cuando tenía cinco años. Estoy en un piso, vivo con mi madre. Vivíamos solas. Me hacía bailar como una loca.

–¿Un segundo recuerdo?

Duda, me mira de reojo, intentando adivinar adónde quiero llevarla.

–Hacia los seis años, un baño. En el mismo piso, hemos bañado a mi hermano pequeño. Tengo seis años más que él. Le hemos bañado, ha salido del baño y le hemos envuelto en una toalla. Fue un momento muy bonito…

–¿Un tercero?

–En la familia de mi padrastro. Una casa con animales. Es un recuerdo en el que me siento muy próxima a mi padrastro. No sé por qué, pero allí me sentí muy cerca de él. Recuerdo una imagen. Estoy a su espalda y descanso las manos en sus hombros.

A priori, la nuclearidad básica de sus recuerdos parece estar en su sitio. En el primer recuerdo: un piso (nido), una mamá (amor) que la hace bailar (aspecto lúdico y dinámico de la vida). Ahí está presente la seguridad afectiva y nutriente.

En el segundo muestra otro momento de intimidad compartido con su madre y su hermanito. Lavan, secan, le arropan, en pocas palabras, juegan juntos a la mamá. También ahí se expresan totalmente la seguridad y la quietud maternales.

Sí, el padre no aparece por ningún sitio. Pero eso lo podría haber adivinado, sobre todo sabiendo por qué vino Corinne a consultarme. Sea lo que fuere, hay que preguntarse dónde está. Tercer recuerdo: nos enteramos de que hay un padrastro; así que de entrada, nada de padre. No obstante, es un recuerdo positivo de proximidad y ternura (lo que se desprende de la personalidad de Corinne corresponde a lo que expresa en sus recuerdos. Es una joven guapa, morena, delgada, casi angulosa, de rasgos muy delicados y con una voz muy musical y algo lánguida). Pero al mismo tiempo hemos escuchado decir a Corinne: «No sé por qué, pero allí me sentí muy cerca de él». No hace falta ser Sherlock Holmes para darse cuenta de que probablemente es una de las pocas ocasiones (¿tal vez la única?) en la que ha sentido dicha proximidad. ¿Por qué no ha invertido más en esta relación? A lo largo de la consulta me explicará que conoció a su padre (verdadero) cuando tuvo catorce años, a raíz de una fuga que llevó a cabo con una de sus amigas. Un padre que existía desde siempre, que vivía en la misma región que ella, pero que permanecía en la sombra. «Hay cosas que no he podido digerir —me contó—. Me sentí superdesgraciada a partir de mi preadolescencia, y eso que parecía no tener razones para ello.» Tal vez sí. Respecto a su padre ausente, Corinne me dijo que se había imaginado muchas cosas que nadie le había desmentido. Se sentía diferente, rechazada, como si no perteneciese a la familia, como si no pudiera más que decepcionar a todo el mundo. Una vez adulta, continuó creyendo en esa imagen, de tal manera que acabó siendo verdad.

Creo que como nunca le contaron la verdad acerca de la proximidad inmediata de su padre, inconscientemente se quedó esperándole, al mismo tiempo que debía rechazar a su padrastro. Por ello no puede encariñarse con los hombres y les echa, porque, como no se ha visto sumergida en la relación edípica padre-hija, carece de la referencia de una relación en el tiempo. Corinne sabe jugar a mamás, pero no sabe ser la mujer de un hombre… Como sucede a menudo en este tipo de consultas, el recurso de los tres recuerdos de la infancia nos permite llegar rápidamente al núcleo del problema de Corinne y explicitarlo de una manera clara y comprensible.

Henri es un poco sádico con los demás, en particular con las mujeres

Henri ha conocido a una joven no hace mucho y salen juntos desde hace tres meses. Ha venido a verme porque, me explica, no quiere volver a cometer los mismos errores que con su esposa, de la que se divorció hace dos años. Es consciente de tener una actitud dulcemente agresiva con los demás, sobre todo con las mujeres, y más concretamente con la que comparte su vida. Para salirse con la suya, me dice, humilla, denigra y desprecia. «No es una tendencia nada agradable, y además es un poco sádica», concluye. Desea comprender de una vez por todas por qué tiene ese defecto. Tras dejarle explicarme otras dificultades que experimenta, en particular con sus hijos, le propongo que me cuente un recuerdo.

No sitúa exactamente el momento de su primer recuerdo, pero sucede entre los ocho y los doce años.

–Una pelea con mi hermano. Estábamos en el salón, yo le he hecho una llave de judo y él ha volado, vaya que sí. Ha tenido un buen aterrizaje.

–¿Segundo recuerdo?

–Me gustaban mucho los coches de juguete. Cada vez que se iban de viaje [sus padres] me traían uno. Pero de hecho era mi padre el que me lo traía, sí, era mi padre.

–¿Tercer recuerdo?

–En casa siempre había muchachas de servicio, aunque mi madre no trabajó durante mucho tiempo. Mi padre estaba muy presente. Yo siempre recurría a él, no a mi madre.

Por si acaso, le pregunto por un cuarto.

–Tenía tres o cuatro años, y estaba sentado en la trona. Estaba la muchacha. Veo la cocina. Ella se da la vuelta y yo tiro de la cinta para abrirle el delantal.

Ya lo ve, el orden clásico de los recuerdos aparece aquí invertido. Primero mi hermano, después mi padre (muy cariñoso), luego mi madre (nada cariñosa, por lo que parece). Pero en vista de lo que se desprende de sus palabras, hay bien poca cosa acerca de su madre. Aunque tampoco era de esperar en este caso. Finalmente, tenemos a la gobernanta.

¡Ah, este Henry es un "peleón"! No hay duda de que existió cierta rivalidad entre él y su hermano. Me lo acabó confirmando a lo largo de la visita, cuando me explicó que su hermano y él llevaban veinte años trabajando juntos. Una buena llave de judo puede ajustar muchas cuentas pendientes. El objeto de la maniobra no era causar daño a su hermano (ha aterrizado bien), sino mostrarle quién mandaba. Y no me extrañaría que haga un poco lo mismo en sus relaciones con los demás.

En el segundo recuerdo aparece el padre. Un padre que parece cumplir muchas funciones, ¿incluidas las maternales? «Recurría a él, no a mi madre», añadiría en su tercer recuerdo. ¡Ah, el padre de Henri era todo un señor! Hasta le traía cochecitos cuando volvía de viaje. Se diría que le tiene manía a su madre. En dos ocasiones ha precisado: «Los cochecitos, *era mi padre*», para dejar bien claro que si no hubiese estado allí papá, probablemente mamá habría prescindido del detallito. Así pues, por ahora tenemos al hermano rival, al padre amado y una sospecha, nada menos, en relación con la madre. Esa sospecha se confirmará rápidamente a través del tercer recuerdo. Henri no escatima las palabras al respecto: «Mi madre exageraba. No tenía nada que hacer durante todo el día y papá se veía obligado a pagar a una chica de servicio para llevar la casa y ocuparse de nosotros. Yo la trataba con frialdad y cuando necesitaba alguna cosa, no recurría a ella, sino a mi padre». El Edipo no debió de funcionar muy bien en esas circunstancias. En términos psicoanalíticos diríamos que el padre correspondería al objeto bueno y la madre al malo. Con toda probabilidad, ella debió de sufrir y sin duda invirtió más en la relación con el hermano pequeño. Este último probablemente supo cómo acercarse a su madre, tal vez era más dulce, más atento... Henri lo confirmará. Su madre, está claro, siempre prefirió a su hermano pequeño. Incluso hoy en día, se inclina ostensiblemente por su ojito derecho (por ejemplo, invitándole a cenar sin hacer lo mismo con su hijo mayor).

Es increíble lo que las situaciones de la infancia pueden llegar a marcar la vida de una persona, incluso de adulta. Aunque estemos acostumbrados a ese tipo de situación, aunque creamos haber superado todas las afrentas, aunque hayan pasado cuarenta años, la herida de la preferencia permanece. El sentimiento recurrente de que preferirán al otro antes que a uno puede fomentar los sentimientos más contradictorios, incluyendo la necesidad de obligar a los demás a no querernos, mostrándonos antipáticos con los demás, humillándolos, o al mostrarnos un poco sádicos, por ejemplo... Es la conclusión a la que llegará Henri. Deberá aprender a relacionarse con la mujer mediante otro registro distinto al que empleara con su madre. Un registro original, suyo. Por qué no. Henri no ha vuelto a la consulta, pero me gustaría saber cómo evoluciona.

En cuanto al cuarto recuerdo en el que aparece la muchacha de servicio, me parece muy "nutritivo", en caso de poder expresarme de ese modo. Cuando uno está en la trona suele ser para comer. Y cuando eso sucede en la cocina y con la chica, puede deducirse que está preparando la comida que luego nos dará. La chica aparece aquí como una instancia nutridora o alimentadora, es decir, como un objeto bueno. Sin duda la sintió como una figura compensadora de la madre. Por ello, "tirar de la cinta" parece formar parte del orden de las cosas…

6. LOS OTROS COMPONENTES ACTIVOS PRINCIPALES DE LOS RECUERDOS

«Que cada uno examine sus pensamientos, y siempre los hallará ocupados en el pasado y en el futuro.»

BLAISE PASCAL
Pensamientos

Aparte de los pensamientos relativos al padre, la madre y la constelación familiar, también se encontrarán, esencialmente, recuerdos de personas ajenas a esta última, recuerdos que tienen relación con los lugares o el tiempo, recuerdos de objetos, recuerdos relativos a los sentidos y las emociones, recuerdos de traumatismos y, finalmente, los que guardan relación directa con el carácter.

LOS RECUERDOS DE LAS PERSONAS AJENAS A LA CONSTELACIÓN FAMILIAR

Todas las personas que han interpretado un papel en nuestra vida pueden ocupar un lugar en nuestros recuerdos. Puede tratarse del cartero, del personaje de Enzo en *El gran azul*, de un amigo, una amiga, etcétera.

No interpretaré los recuerdos que aparecen a continuación, pero me parecen típicos de lo que pueden llegar a ser los encuentros que tenemos y que dejan huella en nosotros.

Florence: tengo tres o cuatro años; estoy jugando en el patio. Sale una señora y le dice: «Tu madre se siente aplastada». Me imaginé que se le había caído el armario encima.

Marianne: tenía unos ocho años, estaba de colonias. Soy judía. Todos los niños iban a misa menos nosotros. Todos iban muy bien vestidos, pero nosotros no. Tuvimos que esperarlos para comer. Entonces nos pusimos a jugar a misa.

Jacques: en primaria había una chica que me gustaba mucho. Fue la primera vez que me acercaba a una chica. Fue un flechazo, algo muy fuerte, estaba loco por ella.

Lydie: hacia los ocho años, había una vecina que siempre me daba patadas, tenía miedo.

Gérard: tengo dos años, me veo haciendo acrobacias delante de amiguitas para fardar, me di de morros contra el suelo, tuvieron que llevarme al hospital; no obstante, es un buen recuerdo.

Jean-Claude: tenía siete años, estaba de colonias, me gustaban mucho, iba tres veces al año. Más tarde me saqué el título de monitor.

Estos recuerdos son en la mayoría de las ocasiones de situación o acción. Lo que importa no es de quién se trataba, sino qué pasaba con ella. De hecho, es muy poco común recordar los nombres de esas personas mucho tiempo después.

Siguiendo con este tema, permita que cuente una experiencia que tiene que ver con los nombres y que pertenece a una reseña que leí en una revista alemana.[1] Ya sabemos que recordar los nombres de las personas suele ser un problema. Cuántas veces decimos aquello de: «¡Vaya! Lo tengo en la punta de la lengua... ¿Cómo se llama?...». Los anglosajones lo llaman la paradoja de Baker-baker (en español, la paradoja de Panadero-panadero). Un equipo de psicólogos mostró a un grupo de voluntarios fotografías de personas que les fueron presentadas por su nombre, pidiéndoles que lo recordasen (los señores Panadero, Carpintero, Carnicero, etcétera). A otro grupo de personas les enseñaron las mismas fotos pero indicándoles el oficio que ejercían (este hombre es panadero, este es carpintero, este otro es carnicero, etcétera). Al cabo de un tiempo se les volvió a mostrar las fotos y se les pidió que intentasen recordar quién era quién. Aunque los voluntarios del primer grupo se las vieron y desearon para recordar el nombre de las personas, por el contrario, los del segundo grupo recordaban bastante mejor el oficio que ejercían. La explicación es sencilla. Los apellidos no significan nada en sí mismos, simplemente identifican a la persona que los lleva. Si digo: «Mi amigo se llama Carpintero», no estoy diciendo gran cosa de él, mientras que si digo: «Mi amigo *es* carpintero», estoy ofreciendo detalles acerca de a qué se dedica, de qué trabaja, qué produce, con qué tipo de personas está en contacto, etcétera, lo cual facilita la labor de rememoración.

LOS RECUERDOS DE ANIMALES

Los animales ocupan un importante lugar en los recuerdos de la infancia, sobre todo, ya puede imaginárselo, los de compañía. ¿Tal vez durante su infancia tuvo en casa un gato o un perro? ¿O tal vez estaban en casa de la abuela? ¿O del tío, en el campo? Esos recuerdos tienen algo de conmovedores porque no sólo se refieren al animal en cuestión, sino también a la atmósfera del lugar donde se desarrolló la anécdota. Muchas personas tienen recuerdos magníficos de ese tipo.

El papel del animal es esencial porque es un mediador entre el hombre y la naturaleza, o para decirlo mejor, entre el hombre y su medio natural. Nuestra sociedad tiende a alejarnos cada vez más de la naturaleza. No estaría mal recordar que antes de ser *hombres neuronales*, utilizando la célebre expresión de Jean-Pierre Changeux, éramos homínidos de tipo australopiteco, bastante cercanos en muchos aspectos (y comportamientos) a otras especies animales.[2] Por otra parte, el animal familiar es un *receptor de afecto* inigual y, por así decir, inagotable. Los niños y las personas ancianas lo saben muy bien, pues mantienen una relación extremadamente privilegiada con su animal favorito. El animal puede incluso desempeñar, en algunas circunstancias, el papel de terapeuta. Algunas personas se sienten más a gusto en compañía de un animal doméstico que de otras personas. En esos casos, la presencia de un animal de compañía en la vida de la persona revela una compensación afectiva (soledad, tristeza, enfermedad, miedo a la gente…), y todo ello aparecerá evidentemente en los recuerdos. Por ejemplo, si alguien le ofrece tres recuerdos más o menos directamente relacionados con su perro, tendrá toda la razón para pensar que ese perro *verdaderamente* debe ser su mejor amigo y que su entorno familiar general tal vez no haya desempeñado el papel que le correspondía de manera adecuada.

Los recuerdos que incluyen animales domésticos no siempre son tan conmovedores. A veces también pueden resultar amargos. Recuerdo haber sido atacado por un perro lobo de niño. Atacado es una palabra importante. Yo corría a recibir a mi padre, que llegaba en coche, cuando ese perro se lanzó sobre mí, pero ahora creo que sólo quería jugar. Sea como fuere, me chocó mucho y supongo que es la razón por la que jamás he deseado tener perro en casa. De todas formas, no era costumbre en mi familia. Una joven canadiense, originaria de Québec, me contó que un día que se hallaba haciendo la siesta en familia, en la terraza de su casa, se acercó un caribú y le "mangó" una sandalia a su padre. Según las últimas noticias, el caribú continúa corriendo y de la sandalia no volvió a saberse nada más. Hablando en serio, Benjamin me contó que en Argelia el jardinero debía ocuparse de un enjambre de abejas, y que sus padres le habían prohibido salir mientras lo hacía. Desobediente como solía ser su costumbre, se halló cubierto de abejas, pero ninguna le picó. Nadie comprende por qué.

Los recuerdos relacionados con los animales suelen proporcionar un buen número de detalles acerca de la vida afectiva de la persona y también de su grado de sociabilidad.

LOS RECUERDOS DE LOS SITIOS

Los recuerdos de los sitios también son frecuentes. Están por todas partes. Nos permiten fijar en gran medida el contexto en el que se inscribe el recuerdo. De alguna manera son facilitadores de la memoria, instrumentos nemotécnicos, como se dice en psicología. Una vez que se tiene el lugar, se tiene la acción.

A menudo, la descripción del recuerdo viene acompañada de la de un lugar. Puede ser así: en casa, en mi habitación, cuando vivía en París, cuando vivíamos en Argelia, cuando estuve en el hospital, en casa de mis abuelos, en el colegio, cuando estuve interno, etcétera.

Estos son algunos ejemplos de encuadre geográfico de los recuerdos. Los escribo tal y como fueron expresados.

Aurélie: unos seis años, en el jardín, jugaba siempre sola. De hecho, rara vez salíamos de casa.

Patricia: a los cinco años mamá me encerró en el granero porque mi padre vino para divorciarse...

Jean: a los siete años jugaba con mis hermanos y hermanas en casa, y solíamos pelearnos.

Los lugares constituyen una mina de informaciones para quien sabe escuchar y las comprende. Por ejemplo, expresiones como "en mi casa", "en casa", "en nuestra casa", "en nuestra casa de campo", "en casa de mi abuela", "en mi habitación", hacen referencia, no es difícil darse cuenta, al hábitat, que comporta una dimensión de seguridad, lo que denomino "el vientre de la madre". "En el colegio", "en la iglesia" (o "en la mezquita", "en el templo", "en la sinagoga"...) son palabras que se refieren sobre todo a la comunidad. Incluso, si una persona empieza su frase diciendo: "En Argelia", "en Guadalupe", "en América", no es difícil comprender que habla de un pasado ya desaparecido, pero del que todavía guarda tal vez algo de nostalgia.

El papel del tiempo en los recuerdos

El tiempo o las épocas pasadas también permiten resituar nuestros recuerdos: «Recuerdo que en la mili...», «en nuestra primera casa...», «antes de que nos trasladásemos a Estrasburgo...», «en verano, en el campo...», etcétera. El tiempo también es un aliado nemotécnico muy valioso, es una referencia. No es raro escuchar: «Eso sólo pudo ser en Ruán, porque todavía estábamos en la casa grande».

Algunas personas como Michelle anclan intensamente sus recuerdos en el tiempo. A Michelle le gusta vivir bien, es una auténtica nizarda.

Primer recuerdo: cada año íbamos a la fiesta de los Mayos[*] en el jardín del monasterio porque mi padre tenía un puesto.

Segundo recuerdo: todos los jueves venía un profesor a darme clases de recuperación.

Tercer recuerdo: el sábado por la tarde íbamos de compras al súper.

Circunscribir los recuerdos a una unidad de tiempo, utilizar referencias fijas de ese tipo es una manera de tener la vida controlada, sin exponerse a riesgos.

Se habrá fijado en que Michelle, en sus tres recuerdos, ha optado inconscientemente por la cronicidad. *Cada año, todos los jueves, el sábado por la tarde* son balizas que probablemente le proporcionan seguridad. Sí, claro, la guinda del pastel hubiera sido que trabajase en una joyería-relojería, pero no: Michelle regenta una tintorería. Aunque un poco por los pelos, podría verse en la tintorería una ocupación vinculada a las estaciones (con los cambios de estación y temporada se lleva la ropa a la tintorería antes de guardarla hasta el año siguiente).

Los recuerdos de objetos o de cosas

Estos son unos tipos de recuerdos bien curiosos, pues parecen dejar en segundo plano tanto las nociones de espacio y de tiempo como las relaciones con los demás. En mi práctica psicoterapéutica, cuando aparecen en primer lugar entre los recuerdos evocados, tengo tendencia a ver recuerdos del tipo de los recuerdos-pantalla de los que hablamos con Freud. De

---

[*] Fiesta de los Mayos (*Fête des Mais*). Fiesta que se celebra todos los domingos de mayo en Niza (Francia) en la que la ciudad celebra su historia con tres eventos en los jardines de Arènes de Cimiez, en la Place du Monastère de Cimiez (*N. del T.*).

forma más general, ante los recuerdos de objetos se puede pensar, evidentemente, en los regalos (regalos de aniversario, de Navidad, de comunión, de recompensa, etcétera), pero también hay otros muchos objetos inesperados.

Tom: tenía trece años, era 1963, recuerdo la primera televisión.

Odile: tengo cuatro o cinco años y juego con una lechera, meto el pie dentro y empiezo a andar. Hace un ruido terrible.

Bernard: tengo tres años, juego en el suelo con un camión. ¿O es un coche...?

Cécile: veo un eucalipto gigantesco, pero no sé dónde.

Se habrá dado cuenta de que este tipo de recuerdos se reduce a unas pocas palabras. A menudo las personas precisan: «No es un recuerdo, es más bien como un *flash*, una imagen...».

En todos los casos, esos objetos y cosas debieron tener una importancia capital para esas personas; tal vez incluso les han acompañado a lo largo de toda la vida, tanto en forma de recuerdo como de pensamiento. Todos hemos tenido, en la infancia, un juguete que queríamos especialmente, una prenda de vestir, un objeto fetiche o un amuleto, ya sabe, ese tipo de objeto con el que se ha tejido una relación privilegiada, sobre todo si se era un ser más bien solitario o aislado de los demás por causa de las circunstancias. Hugo Hamilton dice en *Sang impur*: «Mi madre se puso a escribir en su diario todos los días porque un diario es tu único amigo de verdad en la vida».[3] Un diario, o una muñeca, un libro, pero también un trozo de madera, o una piedra que se imagina llegada del otro extremo del mundo, cargada de historia. Sí, para quien los necesita, los objetos inanimados tienen, como dijo Lamartine: «Un alma que se ata a la nuestra y la obliga a amar...».[4]

LOS RECUERDOS QUE HACEN INTERVENIR
A LOS SENTIDOS Y LAS EMOCIONES

Muy distintos son los recuerdos de movimientos (hacía danza clásica), de olores (barba de papá), de visiones (los fuegos artificiales), de los sonidos (las campanas de la iglesia), de sabrosos deleites (los macarrones de mi abuela) o… de cosas repugnantes (una rana aplastada por un coche), o asquerosas (mi hermano pequeño que me obliga a lamerle el moco que le cae de la nariz).

Maryse: tenía seis años, mi madre se había ido a Inglaterra durante un año, nosotros estábamos internos. Cuando regresó yo estaba en clase. No sabía que ella iba a regresar. Estallé de alegría. Recuerdo que lloré.

Robert: tenía entre cuatro y seis años, mi abuela me llama para darme a probar, con los labios, la salsa que ha preparado.

Pero también los hay negativos: recuerdos de molestias (auscultación médica íntima), de injusticia (profesor cruel), de abandono (divorcio de los padres), de violencia (mi padre pegaba a mi madre), incluso de traumatismos (recuerdos de guerra), nocivos (incesto). También recuerdos de arrepentimiento, con toda la panoplia de sentimientos de culpabilidad que eso implica… Escuchemos a Gisèle, André y Christiane.

Gisèle: tengo once o doce años. Mi madre me cuenta todo sobre el sexo. Yo estaba en mi habitación, en la cama. La luz estaba apagada y ella me lo explica todo como si fuesen cosas muy románticas para hacer con una persona muy especial. Yo estaba terriblemente molesta.

André: tenía entre cuatro y cinco años, y recuerdo que mi madre pegaba a mi hermana y que le tiraba del pelo.

Christiane: durante toda mi infancia, mi madre le dio unas palizas muy violentas a mi hermana mayor. A mí me obligaba a presenciarlas. Nunca me levantó la mano y nunca he comprendido por qué.

Los recuerdos relacionados con traumatismos

Los traumatismos vividos en la infancia (incesto, malos tratos, violencia psicológica, abandono, robos, accidentes, y también enfermedad grave propia o de un miembro de la familia, incluso la muerte…) ocupan generalmente el primer lugar en los recuerdos que se cuentan. Han marcado de manera indeleble la vida de la persona y probablemente habrán orientado su estilo de vida desde entonces. Son, si se quiere decir así, "lo más gordo que ha sucedido", y no obstante, por lo general, nadie parece darse cuenta. Recuerdo a un joven, hijo único, cuya madre había llevado a cabo varias tentativas de suicidio con medicamentos. Una mañana en que halló –una vez más– a su madre exánime sobre la cama, decidió que estaba harto y, dejándola allí, se fue tan tranquilo al colegio. Para él, el traumatismo fue doble: 1) la terrible visión de su madre exánime, 2) su reacción, increíblemente indiferente, que más tarde le haría creerse un monstruo. No sabía cómo, pero recuerda que su madre también escapó a la muerte en esa ocasión.

Pero en cuestión de recuerdos de la infancia, nunca nada es sistemático. Cuando se espera reconocer automáticamente un traumatismo vivido por una persona en uno de sus tres recuerdos, uno se da cuenta de que no siempre es así (lo que demuestra que los recuerdos de la infancia no son datos estadísticos, sino dinámicos, que guardan más relación con lo que la persona vive en la actualidad que con el pasado). Por ejemplo, una joven me cuenta tres recuerdos de la infancia: el primero trata de un paseo en bicicleta, el segundo, de una anciana que se ocupaba de ella mientras su madre trabajaba, y el tercero trata de una mudanza. Mientras departíamos acerca de esos recuerdos, la joven cambia de opinión y me dice: «Tiene gracia, pero me doy cuenta de que hay dos recuerdos importantes que claramente he reprimido». Sin darme tiempo para hacerle pregunta alguna, continuó: «El primero es un grave accidente de coche con mis padres, que me tuvo varias semanas hospitalizada. El segundo trata de los penosos problemas que tuve con una de mis tías, que me detestaba». Sabiendo que esa joven atravesaba un período de su vida particularmente feliz, rico y satisfactorio, no debería sorprendernos que hubiese preferido reprimir recuerdos tan negativos.

Por negativos o dolorosos que hayan podido ser nuestros recuerdos traumáticos, parece que el cerebro no se siente obligado con la memoria, y probablemente sea mejor así. Al ocuparse de la gestión de las experiencias traumáticas, permite que nuestro consciente y nuestro inconsciente mantengan un equilibrio, al menos hasta cierto grado.

Los recuerdos relacionados
con el carácter

Está claro que los recuerdos pueden revelar un cierto tipo de carácter; a menudo incluso mantienen una idoneidad. Así pues, un carácter *temeroso* tendrá recuerdos de miedos, aprensiones y ansiedades; un carácter *nervioso*, recuerdos de disputas, conflictos y querellas; una *estrella*, recuerdos de primicias o de aventuras extraordinarias; un *rebelde*, recuerdos de transgresiones, etcétera. Pero de hecho, las cosas rara vez se presentan tan ordenadas y es muy raro que tres recuerdos correspondan a tres situaciones caracteriales. Más bien la tendencia aparece mezclando los tres recuerdos. Aunque...

GABRIEL SE DEJA LLEVAR CON FACILIDAD

Gabriel viene a verme a causa de un problema general. No puede dirigir su vida de manera satisfactoria. Tiene la impresión de que el tiempo pasa y que todo se le escapa. Le oriento hacia sus recuerdos de la infancia.

Gabriel dice no tener recuerdos muy señalados de su infancia, sino más bien recuerdos de ambientes, o *flashes*, precisa. A mí, que le he escuchado, me han parecido muy precisos y, a decir verdad, *contundentes*.

Primer recuerdo: tenía cinco o seis años, vivíamos en una calle en pendiente que daba a una placita. Me regalaron un cochecito para mi cumpleaños, y mi madre me recomendó quedarme por allí y bajo ningún concepto bajar a la calle. No la obedecí, el coche tomó velocidad y volcó. Al levantarme tenía todo el rostro ensangrentado.

Segundo recuerdo: tenía cuatro o cinco años, un compañero me molestaba, no sé qué me sucedió, pero cogí un ladrillo y le di con él en la mano. Le rompió la muñeca.

Tercer recuerdo: hacia los trece años, un paseo en bicicleta con un amigo. Es por la tarde, él quería que yo fuese, pero yo no quería, aunque finalmente opté por ceder. Me caí y aparecí con los brazos y las piernas llenas de sangre.

Asombrosos esos recuerdos de accidentes, ¿verdad? Es evidente que Gabriel debió de ser un niño muy movido, un alocado. El denominador común de esos tres recuerdos es que Gabriel *se deja llevar*. En su primer recuerdo la velocidad se lo lleva por delante en la calle en pendiente, en el segundo es la cólera, con serias consecuencias para su compañero, en el tercero es su amigo el que le hace ceder, con las consecuencias conocidas. Es como si a Gabriel le faltase una estructura personal que le permitiese hacer su vida a partir de sí mismo. Parece incluso que se le escapen esos mismos recuerdos, como si careciesen de consistencia. Los califica de *recuerdos de ambiente*, pero podría muy bien decirse que se trata de recuerdos donde su Yo no parece especialmente fuerte. Está dominado por las cosas en lugar de dominarlas él.

Una vez descifrados, esos recuerdos han proporcionado a Gabriel un punto de anclaje imaginado y concreto, una especie de brújula a partir de la que ha podido reflexionar y trabajar en sí mismo de otro modo.

El mundo de los recuerdos es muy misterioso pero también lleno de maravillas, sobre todo cuando se saben descifrar. Ahora que dispone de esas *herramientas*, imagino que tendrá un poco más clara la cuestión. ¿Qué ocurre con sus tres recuerdos personales? ¿Ha podido sacar algunas conclusiones acerca de las características de que he hablado desde el principio de este libro? ¿Se ajustan a la nuclearidad básica? ¿Se salen? ¿Desprenden sus recuerdos cierta unidad? ¿Le parece que mantienen alguna relación con su vida actual? Imagino que hay muchos elementos que todavía deben permanecer ocultos para usted, así que le proporcionaré una herramienta de comprensión suplementaria que debería permitirle avanzar.

7. EL DESPLAZAMIENTO
EN LOS RECUERDOS

«Los lugares que hemos conocido no pertenecen más que
al mundo del espacio donde los situamos para mayor comodidad.»

MARCEL PROUST
Por el camino de Swann

La nuclearidad básica no constituye más que una de las dos
grandes vertientes de la estructura dinámica del recuerdo. La
otra radica en lo que denomino el *desplazamiento* o el *viaje*
(ahora mismo explico por qué *viaje*). El desplazamiento es
lo que expresa todo lo que tiene relación con la exterioridad.
Pueden ser las vacaciones, ir a la montaña, viajar a otro país,
mudarse, tomar el tren, ir en coche, etcétera. A veces, el desplazamiento resulta menos "legible". Puede verse simbolizado por ejemplo en una tabla de *windsurf*, en un par de patines
que nos regalaron de pequeños, o incluso, por qué no, en un
carro de supermercado. Y también, a veces, se tratará de un
desplazamiento obstaculizado.

Tal vez no se haya dado cuenta, pero entre los ejemplos
de los recuerdos evocados en el capítulo precedente, muchos
de ellos integraban el desplazamiento. Recuerde, Michelle,
la nizarda (*iba* a la fiesta de los Mayos, *iba* a la piscina, *iba* a
pasear al perro), o Annie y su asiento en la *bicicleta* de su ma-

dre, o incluso Jean-Claude, al que le encantaba *ir* de colonias tres veces al año, sin hablar de Henri y sus *cochecitos*. Sí, incluso los cochecitos de juguete pueden significar, simbólicamente hablado, un desplazamiento.

Si la nuclearidad básica nos informa sobre el mundo emocional interior y seguro de la persona, el desplazamiento nos informa a su vez de la dimensión exploradora del mundo exterior tal y como ella la vive. Aquí volvemos a la cuestión, evocada en el capítulo «La nuclearidad madre-padre-hijo en los recuerdos», acerca de la madre, mediadora del mundo interior, y del padre, mediador del mundo exterior. Abraham Maslow, el célebre psicólogo estadounidense, ya nos previno: «Si hay que elegir entre seguridad y crecimiento, por lo general gana la seguridad».[1] Yo lo diría de la siguiente manera: la nuclearidad básica responde a la necesidad de seguridad, y el desplazamiento, a la de crecimiento. Debemos tenerlo bien claro: nuclearidad igual a seguridad, desplazamiento igual a expansión.

En general, toda serie de tres recuerdos contiene una dimensión de desplazamiento. Y cuando parece estar ausente en las primeras palabras que se expresan, se manifiesta cuando la persona explica más acerca de su recuerdos.

El desplazamiento puede figurar en los recuerdos de diferentes maneras, y su interpretación variará consecuentemente. Podrá ser o estar: 1) expresado con claridad, 2) simbolizado, 3) ausente, o 4) obstaculizado. En este caso, la prudencia me obliga a matizar enseguida mis palabras: el que sus recuerdos no comporten desplazamiento no implica que habría que interpretarlo como una señal de dificultades importantes o de trastorno severo. Podrá hacerse una idea de su importancia particular utilizando el conjunto de las informaciones resultante de los tres recuerdos.

EL DESPLAZAMIENTO EXPRESADO CON CLARIDAD

No hay mucho que decir sobre este tipo de desplazamiento, aparte de que por lo general ocupa un lugar importante en toda serie de recuerdos considerada como clásica. Una joven me dijo: «Tenía entre tres y cuatro años, había ido a casa de una amiga, lejos, muy lejos, y mi hermana me buscó por todas partes, estaba muy asustada. Me hace reír cada vez que lo pienso...». Aquí se entiende que ella había ido a explorar el mundo como la pequeña aventurera que era. No veía ningún mal en ello.

Por lo general, el desplazamiento no aparece más que en uno de los recuerdos, pero puede suceder que también esté presente en todos, o varias veces en cada recuerdo. Este es el caso de Aliette, una guapa joven llena de dinamismo y temperamento. ¡Cinco recuerdos y cinco desplazamientos!

Primer recuerdo: lo más lejos que recuerdo es cuando iba en patinete. No tenía freno y había una gran pendiente por la que me lancé a todo gas. Mi madre tuvo miedo de que me cayese en los virajes.

Segundo recuerdo: en casa de mis abuelos, recuerdo que habíamos jugado a las orugas.

Tercer recuerdo: por la tarde, regresábamos en autobús del parvulario.

Cuarto recuerdo: recuerdo cuando aprendí a ir en bici. Mis padres me compraron una bicicleta con ruedas laterales. Al cabo de unos minutos le pedí a mi padre que las quitase. Y fui la mar de bien.

Quinto recuerdo: recuerdo que nos cambiamos mucho de casa.

Cuando le comenté a Aliette esta particularidad de sus recuerdos, me dijo, riéndose: «No me extraña, me encanta viajar. Además, me voy a presentar a un trabajo en el aeropuerto». ¡No tengo ninguna duda de que es un trabajo que le conviene!

En el momento en que escribo estas líneas, mi hijo regresa del colegio y viene a saludarme. Me pregunto a qué puede parecerse el desplazamiento en los recuerdos de un muchacho de catorce años. Decido hacerle la pregunta. Como es un buen chico, se sienta y me cuenta.

Primer recuerdo: en mi cama de barrotes. He llorado. Tú y mamá habéis venido; me cogiste en brazos, te dirigiste hacia la ventana del pasillo y me dijiste: «Mira, mira...».

Segundo recuerdo: al llegar a Hospices de Beaune fuimos a un hotel. Yo tenía mis palos de golf de juguete, de plástico y jugaba en la grava de fuera.

Tercer recuerdo: con los amigos, subiéndonos a coches con los que jugábamos a bajar la calle.

Nada que decir, es el tipo de recuerdos de un adolescente en pleno desarrollo. Evidentemente, el mundo exterior le atrae. Tres recuerdos, tres casos de desplazamiento.

Primer recuerdo: ahí está la nuclearidad básica. Ahí están su madre y su padre (¡no! su padre y su madre). El padre (yo) le acompaña a la ventana y le enseña algo fuera (quería desviar su preocupación llevando su atención hacia otra cosa). Al mostrarle el mundo exterior[2] a través de la ventana estoy interpretando el papel de facilitador de la exterioridad. Pero su madre también está presente, y su presencia a mi lado le da seguridad. La dimensión afectiva y nutriente también, claro. Su madre desempeña su papel de facilitadora de la interioridad.

Segundo recuerdo: al ir hacia París, pasamos por la Borgoña. Estamos en pleno recuerdo de desplazamiento. Un hotel (sucedáneo del hogar) y sus dos padres: mi hijo está seguro, puede jugar. Dirá que jugaba fuera (mundo externo) y al golf.

Tercer recuerdo: él y sus amigos y amigas (sociabilidad) bajaban la calle (mundo externo) en coches de juguete (desplazamiento simbolizado). En cuestión de recuerdos de desplazamiento, ¡es difícil superarlos!

Evidentemente, podría preguntarse si los recuerdos serían los mismos tratándose de una chica en lugar de un chico. Creo que eso no depende tanto del sexo del niño como de su educación, su carácter y su estilo de vida. Si el niño ha sido educado según los cánones de la educación de las niñas (muñecas, jugar a las cocinillas, etcétera), es probable que sus recuerdos estén en consonancia. Si a ella la han educado como a un "marimacho", será al contrario.

Dudando un tanto acerca de lo que acabo de escribir, le pregunto a una joven de la misma edad de mi hijo si quiere contarme tres recuerdos de su primera infancia. Esto es lo que dijo:

Primer recuerdo: estaba en casa de mi abuela, en Cannes, con mis padres. Me compraron un helado. Un payaso. La nariz era de chicle.

Segundo recuerdo: en nuestro piso, en Lyon. Mi hermano todavía no había nacido. En mi habitación había un columpio.

Tercer. recuerdo: en el mismo piso. Al llegar mi padre, mi madre y yo nos escondimos en el cuarto de baño. Mi padre entra y pregunta si hay alguien. Nosotras le hacemos «buuuu». Le damos un susto. Todos nos reímos.

Se dará cuenta de que los tres recuerdos están marcados por la casa. Aunque el primero contenga un elemento de desplazamiento (Cannes), la primera cosa que dice es: «Estaba en casa de mi abuela». De paso, se habrá fijado en que aparece respetada la nuclearidad básica (padres, hermano, abuela, madre, padre).

No habría que llegar a la conclusión precipitada de que las chicas no tienen más que recuerdos de interior y los chicos de desplazamiento. Repito que lo que cuenta no es el sexo del niño, sino su educación.

El desplazamiento proporciona datos importantes de cara a la interpretación de los recuerdos, pues refleja: 1) cómo se percibe el mundo exterior, 2) en qué simbiosis, en qué ósmosis o en qué rechazo se vive con respecto al mundo interior, y 3) cómo se realiza la confluencia y convergencia entre el mundo exterior y el interior. De ahí se podrán extraer diversas explicaciones sobre la manera en que se comprende el mundo. ¿De manera activa, pasiva? ¿A través de la acción, de la reacción, en la inercia?

Se nos dice que vivir es hacer, pero ¿a partir de dónde y cómo? ¿Según qué esquemas? Nunca es fácil contestar ese tipo de preguntas. No obstante, nuestros recuerdos, y especialmente los que contienen elementos de desplazamiento, pueden ayudarnos a ver cómo nos las arreglamos en nuestra propia vida.

Bertrand y su dificultad de cara a la acción

Bertrand, un joven brillante, abierto, repleto de cualidades, me dice que constata que en su personalidad existe una ambigüedad que no comprende. Es un hombre activo, pero siente, utilizando su expresión, que tiene puestos "frenos al desarrollo de su vida". Por ejemplo, le encanta viajar y es muy consciente de que para ello hace falta dinero. ¡Pero no le gusta demasiado trabajar! «Me gusta la cosa final, pero no me gusta el camino hasta llegar a ella. A veces es al contrario.» No llega a comprender la acción. Esta capacidad-incapacidad ya le ha conducido a varios fracasos, incluso en los estudios: «Ya he dicho adiós a mis ambiciones. No se trata de pereza –añade–, sino de una especie de miedo, de un freno, de una incapacidad para pasar a la acción». Le dirijo hacia sus recuerdos de la infancia.

Primer recuerdo: la mirada de mi madre por encima de mí.

Segundo recuerdo: en Bretaña, en casa de mi abuela, que mataba a las gallinas cortándoles la lengua y luego las colgaba de un hilo.

Tercer recuerdo: en el ascensor. Mi madre me ha dado un bofetón. «Eso es por lo de ahora mismo», me ha dicho.

Le pregunto sobre la mirada de su madre. Le cuesta un poco hablar de ello porque no querría dar una mala imagen de ella. Le digo que no se trata de su madre, sino de la interpretación que él, en un momento dado de su vida, ha dado a tal o cual suceso pasado. Entonces me explica que era una mirada que paralizaba (recuerdo de impresión). Tenía una opinión negativa de todo. En cuanto querías hacer algo, te advertía acerca de las consecuencias negativas de esa acción. Su discurso nunca incluía ánimos, sólo advertencias contra los peligros.

Este recuerdo ya habla por sí solo de la actitud semitemerosa de Bertrand frente a la vida. Una mirada que hiela es una mirada que paraliza; una opinión negativa y pesimista de la vida es una opinión que inhibe.

Su segundo recuerdo es de desplazamiento (a Bretaña), en casa de la madre de su madre. Este recuerdo denota una cierta violencia de gestos, pero en esa época esa era la realidad de ciertas tradiciones de nuestros campos. ¿Cortar la lengua de la gallina debía, supongo yo, impedir que gritase y permitía desangrarla sin ensuciarse? Sea como fuere, lo menos que puede decirse es que no se trata precisamente de un recuerdo tierno. Una mujer de armas tomar, la abuela, que tiene agallas para coger una gallina, abrirle la boca y cortarle la lengua. Creo que un niño que ve hacer eso a una mujer debe decirse que se trata de una mujer capaz de todo. Poniéndonos en lugar del psicoanalista, ¿no veríamos en "algún sitio" un acto de castración? El recuerdo de Bertrand expresa a la vez el desplazamiento (Bretaña) y el peligro inhibidor subyacente. Es como si accionase el acelerador y el freno a la vez.

El tercer recuerdo es de desplazamiento (el ascensor), pero al mismo tiempo un lugar cerrado donde se halla confinado.[3] También ahí hallamos la acción y el freno a esta.

Los tres movimientos de Bernard tienen, me atrevo a decir, una textura dinámico-estática. El desplazamiento está presente, pero la acción está obstaculizada.

La mirada heladora y las opiniones negativas de la madre que rodea de angustia toda acción, la abuela de Bretaña que mata a gallinas a las que les gustaría seguir vivas y a las que somete a "tortura" y ahorcamiento, el ascensor, objeto de desplazamiento, pero también lugar de encierro... Todo parece conducir a un estilo de vida abierto a la actividad, pero que se halla bloqueado. También hay que señalar que esos tres recuerdos son de dinámica vertical: 1) la mirada de su madre por encima de él, 2) las gallinas están suspendidas de un hilo en alto, y 3) el ascensor que funciona, hasta que se demuestre lo contrario, en sentido vertical. La relación que ha debido mantener Bertrand con su madre ha sido ciertamente una relación de tipo arriba-abajo, en otros términos, una relación dominante-dominado. Es digno de mencionar que el padre, por lo general mediador del mundo exterior, se halla extrañamente ausente en estos recuerdos.

EL DESPLAZAMIENTO SIMBOLIZADO

Los recuerdos de desplazamiento simbolizado se encuentran principalmente en los juegos infantiles. Jugar al avión, a la oruga (como acabamos de ver con Aliette), a los cochecitos (Henri y su papá). Pero el desplazamiento podría también simbolizarse en una carroza con un tiro de caballos, una barca con la que se juega en la bañera, o una góndola mecánica que toca música mientras gira sobre sí misma (*kitsch*, estoy de acuerdo).

Los deportes, claro está, dan lugar a recuerdos en los que el desplazamiento aparece simbolizado con más o menos intensidad. El deporte practicado también ofrecerá datos útiles sobre la dinámica vital de la persona. A título de ejemplo, existe una diferencia notoria entre la práctica del alpinismo, del golf y del *squash*.

A veces resulta más difícil identificarlo: Julien me habla del pájaro que ha liberado voluntariamente. «¿Por qué lo has soltado?», le pregunta su madre. «No quería verle enjaulado de esa manera.» ¿Sabe qué trabajo tiene en la actualidad? Trabaja en los ferrocarriles. Algunas formas verbales pueden dejar entender un desplazamiento, pero son indicios más sutiles si cabe que el anterior ejemplo, y que hay que manejar con prudencia. Como en el caso de ese señor que me habla de sus recuerdos de la infancia y que de repente me dice: «De pequeño, el olor de las pelotas de tenis me *transportaba* de manera extraordinaria». Sí, claro, el desplazamiento también puede hallarse simbolizado en un "transporte" de ese tipo.

El grado de intensidad del desplazamiento, es decir, de la necesidad de exterioridad, será proporcional a la codificación existente. Si el desplazamiento aparece de manera simbólica en lugar de ser inmediatamente legible, será precisamente porque nuestro inconsciente quiere definir los contornos y matices.

Está bien intentar interpretar, pero no hay que querer hallar indicios allí donde no los hay, o donde no es necesario. Lo que quiero decir es que no hay que caer en la trama kafkiana que consiste en buscar sin saber el qué ni por qué se busca. «Existen ardides tan sutiles que se oponen a sí mismos», advertía Kafka en «Le terrier».[4] Puede aplicarse precisamente al análisis de los recuerdos.

AUSENCIA DE RECUERDOS DE DESPLAZAMIENTO

La ausencia total de recuerdos de desplazamiento es muy rara. Forman parte de la propia naturaleza de la vida, que siempre obliga a cierta movilidad geográfica. Cuando no se encuentra ningún desplazamiento en una serie de tres recuerdos, se puede uno preguntar si esa persona no habrá vivido su infancia en un entorno restringido o simbiótico y si sus padres o sus educadores no le habrán comunicado una visión del mundo más bien distante (no hay que molestar a las personas) o inquietante (hay que desconfiar de los demás). Así pues, si el examen de tres recuerdos revela una manera de vivir esencialmente basada en la casa y en el capullo familiar, no será muy difícil llegar a la conclusión de que esa persona adquirió en el curso de su infancia una visión más bien pesimista o angustiosa del mundo exterior.

He tenido que rebuscar durante un rato en mis archivos para hallar una serie de recuerdos donde el desplazamiento esté del todo ausente (al mismo tiempo, esa búsqueda me ha permitido constatar que los recuerdos de las vacaciones y las escenas con los abuelos aparecen con más frecuencia que otros). La serie de tres recuerdos siguiente me la ofreció una persona que vive en la isla de la Reunión. Quiero precisar ese detalle geográfico porque pienso que la insularidad puede a veces contribuir a una sensación de confinamiento, lo que podría explicar la ausencia de desplazamiento en estos tres recuerdos. Pero no creo que ese fuese el caso aquí.

Apenas entra en mi consulta, Marie-Claire, veintidós años, se echa a llorar. Está delante de mí como una virgen María inclinada sobre su hijo, postrada, esperando visiblemente que yo me haga cargo de las cosas. El diálogo resulta difícil. A duras penas consigo que me explique el motivo de su visita. ¿Cómo había aterrizado en mi casa esa joven? De hecho, vino a la metrópoli a hacer un curso de judo. Ante la reserva extrema y las molestias físicas que padecía durante el curso, su profesor de judo, sospechando algún problema más profundo, le había aconsejado ir a ver a un psiquiatra, pensando que eso podría ayudarla a abrirse más. Marie-Claire es un sol, y además distinguida, pero al mismo tiempo está muy ausente. Ante su dificultad para hablar del presente, me digo que tal vez se sentiría mejor hablando del pasado, y le invito a que me cuente sucesivamente tres recuerdos de la infancia. Aunque tampoco su prosa pasa a ser la de una novela-río, se muestra algo más prolija.

Primer recuerdo: estaba en casa, escuchaba risas. Mi primo hablaba por teléfono, intentaba convencer a una chica para que saliese con él. Mi hermano y mi hermana estaban allí y se burlaban de él. Me sabe mal por mi primo.

Segundo recuerdo: también en casa. Le tiré del pelo a mi hermana y ella me devolvió un golpazo en el vientre.

Tercer recuerdo: me pruebo mi nuevo kimono de judo con mi madre, mi hermano me da un cachete para jugar. Mi madre le suelta un bofetón.

Se habrá dado cuenta de que esos recuerdos se dan en el marco de la casa. Aparentemente, la vida familiar comunitaria (primo, hermano, hermana, madre) ocupa un importante lugar. El mundo exterior está muy poco presente. Esta vida familiar hace pensar en una existencia a puerta cerrada. La violencia, aunque se limite a unas tortas, también ocupa un lugar. Nos podríamos preguntar si es una forma de comunicación propia de esta familia. Fijémonos finalmente en que el padre, como ocurre a menudo en este tipo de recuerdos, está notoriamente ausente. Parece evidente pues él es quien comunica por lo general la imagen de la exterioridad.

Me lo confirma al interpretar con ella sus recuerdos. Sí, toda su vida ha sido un encierro. «Cerrada como una ostra», diría ella. Pero no siempre fue así, prosigue. De pequeña era muy abierta y trataba con todo el mundo. Fue a partir de la adolescencia cuando se replegó sobre sí misma. O mejor dicho, a partir del momento en que empezó a tener sus reglas, hacia los doce años. Pensó que lo más importante por encima de todo era no hacerse notar. Con la regla se había convertido en una mujer, aunque interiormente se sintiese niña. En el plano relacional, siempre tuvo miedo de su hermano, que se comportaba como un tirano, y a ella le daba vergüenza tenerle miedo. Para huir del miedo a los demás, se había encerrado en su mundo particular. Ahora se ha dado cuenta de que no podía continuar así y le está inmensamente reconocida a su profesor de judo por haberla traído hasta aquí; las cosas iban por fin a cambiar. No puedo contar aquí toda su historia pues no es el lugar ni el momento, pero, en efecto, las cosas cambiaron mucho para ella, empezando por las relaciones con su hermano. Le puso las cosas bien claras y ya no se deja manejar por él. Para ella fue un alivio inmenso, pues su sentimiento permanente de vergüenza le dio un respiro, haciendo sitio a un sentimiento de dignidad (aún pequeño).

A veces hace falta bien poco para que un horizonte que parecía tapado para siempre se despeje y nos permita continuar con buen pie. Marie-Claire regresó a la Reunión. Le aconsejé continuar con un psiquiatra el trabajo comenzado.

EL DESPLAZAMIENTO OBSTACULIZADO

Los matices de los recuerdos hacen que, igual que ocurre en la vida, las cosas no sean nunca tan invariables y constantes como podría creerse, y toda ley que intente establecer algo sobre cualquier tema, puede acabar hecha añicos con la primera excepción que aparezca. Eso es algo que puede observarse con especial claridad en los recuerdos de desplazamiento, y el análisis que pudiéramos hacer nos proporcionará muchos datos sobre la psicología que sostienen, siempre que sepamos adaptar nuestra interpretación a las exigencias de la reserva.

Nuestra actitud frente a la vida puede expresarse mediante un deseo de acción, de audacia, de libertad, de descubrimientos, de aventura, o también traducirse en una necesidad de puntos de referencia fuertes, de balizas muy localizables o de indicadores que proporcionen seguridad.

En los recuerdos de desplazamiento obstaculizado se puede hallar esta ambigüedad que se remonta a la primera infancia, entre deseo de expansión y seguridad, entre curiosidad por el mundo exterior y pusilanimidad, entre la llamada del gran mundo y el temor a los demás. Puede verse, por ejemplo, en los recuerdos relacionados con las prohibiciones parentales (prohibición de ir a jugar a la calle, de montar en bici en otro sitio que no sea en el jardín de casa, de ir a casa de los amigos...).

Los lugares como los jardines o las terrazas son territorios intermedios seguros entre la casa y el mundo exterior. Son como una cámara estanca: no se está del todo dentro pero tampoco totalmente fuera. Aunque en ninguna parte puede nunca descartarse un incidente o accidente, el niño se halla en una seguridad relativa. En ese sentido, el jardín es un terreno de ejercicio donde puede entrenarse para explorar el mundo y realizar sus experiencias a bajo coste. Alimenta la imaginación y al mismo tiempo está protegido.[5] El perímetro del jardín puede, claro está, traspasarse concreta o simbólicamente, bien por nosotros mismos o por parte de otros. A este respecto, recuerdo de niño a dos gitanos jóvenes que vendían imperdibles y otras baratijas, y que, al ver que les observaba desde detrás de la cancela, me llamaron. Sus andrajos y cabellos largos (los Beatles todavía no habían pasado por allí) me impresionaron terriblemente. Recuerdo que poco después un adulto me dijo que había que desconfiar de los gitanos porque tenían la costumbre de llevarse a los niños. Seguro que no era cierto, pero recuerdo haberme sentido aterrado y a partir de ese día me mantuve a una buena distancia de la cancela.

DENIS DA VUELTAS, A DIDIER LE CUESTA MARCHARSE (ADECUACIÓN ENTRE LA SITUACIÓN VIVIDA Y EL RECUERDO)

Un señor, al que llamaremos Denis, acude a mi consulta tras una ruptura con una joven a la que había conocido tres meses antes. Vivía una maravillosa relación amorosa que parecía ir viento en popa, cuando ella de repente le anuncia su gusto por los viajes y su intención de marcharse diez días con una amiga a Estados Unidos. No pudiendo ausentarse él mismo por razones profesionales, mi paciente intenta disuadir a su compañera, algo que ella no comprende. ¿Por qué debería ella renunciar a ese viaje sólo porque él no esté libre y no pueda acompañarla? El ambiente se envenena, sube el tono, llueven los comentarios acervos, los reproches y las acusaciones. Cansada de discutir, la joven intenta ablandarle por última vez, y después se repliega en el silencio.

Tras la reflexión nocturna, Denis se dirige a ella a la mañana siguiente para pedirle perdón por esa escena injustificada. Una semana después, tras pasar la velada en casa de unos amigos, vuelve a salir la discusión sobre el tema y ambos reviven la misma escena. Exasperada, afectada y humillada al verse maltratada delante de sus amigos, la joven anuncia a mi paciente su intención de romper. Pensando que no se trata más que de una intimidación, Denis no se molesta por ello y se va a trabajar. Y no obstante, en las horas posteriores su amiga le repite por teléfono que ya lo ha decidido y que no cambiará de opinión. Tras pasar algunos días *hecho papilla*, este caballero pide cita en mi consulta.

De entrada, su manera de dirigirse a mí y de querer conducir de inmediato la entrevista, hace que piense en dos palabras: exigencia y resistencia. Es evidente que se trata de una persona bastante dominante. Así que decido buscar un rastro de ese tipo de comportamiento en su pasado para ver qué me puede enseñar. Le pido, a bocajarro, que me cuente un recuerdo de infancia. «¿Un recuerdo de infancia? ¿No importa cuál?» Tras un momento de duda, me cuenta: «Mis amigos y yo, con las bicis. Teníamos una terraza inmensa. Dábamos vueltas, hacíamos circuitos». Denis fue a buscar inmediatamente, de manera inconsciente, claro está, el recuerdo que mejor correspondía al episodio por el que pasaba. La situación del desplazamiento obstaculizado se impone. Se puede jugar a dar vueltas, claro, pero cuando se coge una bici, suele ser generalmente para ir de un sitio a otro. Aquí lo que importa es retener que el instrumento de desplazamiento (bici) no cumple en el recuerdo su uso común. Reinterpretado en el contexto amoroso actual, significa: como me han enseñado a no desplegar las alas para echar a volar, no hay razón para que *tú* lo hagas. Debes quedarte en el lugar que se te ha asignado y al igual que yo debes evolucionar en un espacio limitado. Probablemente, el análisis nos confirmará que Denis proviene de un entorno familiar encerrado.

Lo que resulta interesante con esta aclaración es que sin el enfoque del recuerdo, con toda probabilidad me habría quedado al nivel de una clásica crisis de celos y habría pasado por alto el verdadero problema.

Tras una consulta posterior, Denis empieza a confiarme sus reservas: «Lo que me molesta un poco –me dice– es que pueda sacar tantas conclusiones a partir de un único recuerdo. Sí, es cierto, fui yo el que lo elegí, pero ¿qué habría pasado si llego a elegir otro? Habría podido encontrar otro recuerdo relativo a mi esfera sentimental porque ahí es donde se sitúa mi problema». Su comentario provoca en mí dos observaciones. Primero, le recuerdo que él es un caso de manual y que no siempre se tiene la oportunidad de dar con un recuerdo tan transparente. Segundo, le preciso que justamente no es por casualidad por lo que ha buscado ese recuerdo y no otro. Cuando alguien lee en nosotros con demasiada claridad, nos resulta irritante. Denis admite que con los "y si" no se llega a ninguna parte. Prosigue: «Esta cuestión plantea una ambigüedad que siempre he sentido en mí; por una parte soy alguien que siempre desea evolucionar, y por otra siento que estoy "limitado". Mi vida sería sin duda más fácil si pudiera continuar derecho en lugar de…». Me arriesgo: «¿De dar vueltas?». Pronunciamos las mismas palabras al mismo tiempo. Dar vueltas. ¡Eso es! Sigue: «Esos límites me los ha endilgado mi educación. Mi padre siempre ha tenido una importancia primordial en mis elecciones, él las discutía y me las ponía en entredicho. Sé muy bien que mis límites me llevan a realizar elecciones de cosas que no me corresponden».

Desde hace tres años, Didier mantiene una relación tumultuosa con una joven. Se ha separado de ella varias veces y varias veces ha reanudado la relación. «No lo comprendo –me cuenta–. No acabo de irme.» Le pido que me relate un recuerdo de infancia. Tras un instante de sorpresa, me dice: «Una torta, cuando me enseñaban a atarme los cordones de los zapatos. Yo hacía mi lazo, pero me equivoqué, y mi padre me dio una torta. Lo conseguí a la segunda vez». Añadió: «Tuve la ocasión de hablar con él hace poco y le dije lo que me había dolido y el daño moral que me había causado. Y me dijo: "¡Pero funcionó!"».[6]

Si queremos comprender la dinámica de este recuerdo y su relación con el desplazamiento obstaculizado, no hemos de concentrarnos en la torta (aunque habría mucho que decir al respecto), sino sobre los zapatos. Aquí simbolizan el desplazamiento; y la dificultad de anudarlos debe comprenderse como un obstáculo, o al menos como una dificultad para el desplazamiento. Me cuesta atarme los zapatos, puede interpretarse simbólicamente como: me cuesta marcharme (¿llegarías muy lejos con los cordones sueltos?). Si adoptase un punto de vista más psicoanalítico, probablemente establecería una relación entre los lazos de Didier y los giros que Denis hace en bici. Jugando con las palabras podría decir que Didier anuda, desanuda y reanuda sin cesar con su amiga.

EL OBJETO DEL VIAJE ES REGRESAR

Los anglosajones disponen de varias palabras para decir viaje. Pueden decir *trip, journey, travel* o *voyage*; este último término se utiliza para los viajes por mar. Su objeto –pienso en Marco Polo y su periplo por China– es partir para ir a explorar el mundo, desde luego, pero también y sobre todo, para regresar al puerto de partida con, si es posible, las bodegas repletas de riquezas de todo tipo.

Curiosamente, la palabra "viaje" también se utiliza en algunos ritos iniciáticos. Al candidato se le hacen hacer "viajes", durante los que deberá pasar por ciertas pruebas, y como resultado de esos viajes atormentados será reconocido y aceptado como miembro de la hermandad o de la tribu. El viaje iniciático consiste, pues, en hacer *partir* a la persona, real o simbólicamente, del seno comunitario, hacerle vivir un viaje en el curso del que se pondrá su vida en peligro, para a continuación hacerle *revenir*. Cuando haya regresado de ese o esos viajes, estará purificada y, en cierto modo, transformada. En todo caso, ya no será la misma.

El objeto del viaje no es pues *partir*, sino *re-venir*.[7] Revenir, regresar, diferente de como se era antes. Se trata de hacer morir algo en uno para permitir que nazca otra cosa. El viaje siempre contiene este aspecto exploratorio del mundo: se trata de caer en la cuenta por uno mismo y de regresar a contar a los demás lo que se ha descubierto o vivido.

Nuestros recuerdos en relación con el desplazamiento representan este elemento exploratorio que no sólo trata de informarse acerca del mundo exterior, sino que también alimenta a su vez nuestro mundo interior, como una especie de hermenéutica. Siempre comportan esa parte iniciática, y por ello pienso que debemos tenerla en cuenta en nuestro análisis.

Resumamos. Además de los medios corrientes de interpretación de los recuerdos a los que todo el mundo puede recurrir –dependiendo siempre de su juicio–, ahora dispone de dos herramientas para verificar, a través de sus recuerdos, cómo se equilibra su personalidad. Los elementos de la *nucleari-dad básica* (madre, padre, hermanos, etcétera, aparecen en orden, en desorden o no aparecen) pueden informarle del tipo de relación que mantiene con los demás; la presencia o au-sencia de *desplazamiento* y su tipo (presente, simbolizado, obstaculizado) le informan de su relación con el mundo exte-rior y el mundo interior. Esas dos herramientas son indisocia-bles y, por otra parte, no por ello convierten en superfluos los enfoques más convencionales de análisis del recuerdo, como los que ya he descrito. El uso simultáneo de estos útiles y de estos elementos le permitirá trazar una imagen bastante fiel de su personalidad y probablemente de su carácter.

A continuación, y a título de práctica, realizaré la interpreta-ción de mis tres recuerdos, los que conté al principio del li-bro. Claro está, esta interpretación no podrá ser completa, pues este no es lugar para hacerlo, pero al menos delimitaré sus contornos. A continuación tomaré otros dos ejemplos de recuerdos, uno donde aparece la cuestión de la autoafirma-ción y otro donde aparece lo contrario, el retraimiento.

8. EJEMPLOS DE INTERPRETACIÓN DE LOS RECUERDOS DE LA INFANCIA

«Tiempos pasados, qué tiempos aquellos,
tiempo de inocencia, tiempo de confidencias.»

SIMON AND GARFUNKEL
Bookends Theme

CAZADOR DE MARIPOSAS, TRANSMISOR DE VALORES

Recordará que cuando le pedí que escribiese sus recuerdos, le aconsejé, a fin de diferenciar los recuerdos básicos de los detalles que se ajustan a continuación, que los subrayase o escribiese en otro color para poder distinguirlos. Eso es precisamente lo que haré yo ahora. Los recuerdos aparecerán escritos en cursiva y los detalles complementarios en letra redonda.

Es importante respetar esta cronología pues las primeras palabras que nos vienen a la mente lo hacen en línea directa desde nuestro inconsciente, mientras que los detalles añadidos pueden ser fruto de una reflexión rápida o de nuestro deseo de orientar las cosas a nuestro modo. Por mi parte, he aprendido a dar a cada palabra la importancia que le corresponde y a considerar que si un dato o una palabra aparece antes que otra no es por casualidad, o por diversión. Evidentemente, no se tratará de jugar a los semánticos a la manera del profesor de filosofía de *El burgués gentilhombre*.[1] De lo que aquí se trata es de acotar las prioridades que nuestro inconsciente concede a las cosas que experimentamos a través del lenguaje, un poco de la misma manera que pudiéramos *escuchar* los lapsos o las parapraxias.

Este es mi primer recuerdo: *me veo en un jardín que tiene un aspecto un tanto abandonado, llevando en la mano un cazamariposas de tul de color vivo, intentando atrapar mariposas que revolotean entre las hierbas altas.* Al fondo del jardín hay un gallinero. Este recuerdo se sitúa en Vendée, en casa de mis tíos... Hace sol, voy en pantalones cortos. Debo tener unos seis años.

Como habrá constatado, este primer recuerdo es de desplazamiento (Vendée). No obstante, el desplazamiento no aparece en primer lugar, sino en segundo. Así es, sólo en mis comentarios preciso que se trata de Vendée, donde nos reuníamos la familia todos los veranos cuando era pequeño.

Lo que se apunta primero es el jardín. Ya hemos visto anteriormente que el jardín era un lugar de tránsito entre el interior de la casa, espacio seguro, y el mundo exterior. Este jardín no es el de mi casa, sino el de mi tío y tía. Por tanto, también es un vector de extrañeza. El jardín es un espacio cerrado. Contrariamente a lo que puedan experimentar otras personas, por ejemplo quienes padecen claustrofobia, los espacios cerrados no me molestan; incluso podría decir que me resultan agradables. De niño viví varios años interno, de joven, pasé nueve años en Berlín occidental, en los tiempos del Muro, y hoy vivo en una pequeña residencia cerrada.

Ya he dicho que el jardín estaba como abandonado, baldío. Lo baldío traduce el lado no ordenado de las cosas. Es, si lo prefiere, una jungla en miniatura. De niño tuve la impresión de haber sido echado a un mundo de extrañeza, un mundo donde todo era difícil, donde nada resultaba fácil. Tal vez, ese sentimiento quedó reforzado por el hecho de que era zurdo. Ser zurdo en la década de 1950 significaba no ser igual que los demás. Y debo decir que aprender a escribir no fue, para mí, asunto nimio (tal vez sea esa la razón por la que de adulto me he dedicado a la escritura). Mi sentimiento es que siempre he tenido que superar terrenos baldíos. Todavía hoy, en mi vida adulta, me siento un auténtico desbrozador. Desbrozo el terreno de los que vienen a mi consulta porque no pueden ver con claridad su vida. También descifro mi propio terreno interior a través de la lectura, el estudio, la reflexión acerca de mí mismo, de los demás y del mundo; y como puede imaginar, cuando uno se dedica a este tipo de cosas, no se acaba nunca. Este jardín de altas hierbas parece pues corresponder muy bien a mi entorno cotidiano.

A continuación aparece el cazamariposas que sostengo en la mano. No se trata de caza mayor, desde luego. Me parece que lo esencial del mensaje transmitido por ese segmento de recuerdo está en otra parte. Hay que interpretarlo como un deseo de atrapar o, simbólicamente hablado, de *captar*. Estaría de acuerdo con mi personalidad. Me gusta intentar atrapar, captar, comprender el sentido sutil u oculto de las cosas. Por lo demás, mi trabajo encaja a la perfección con esa tendencia. ¿Acaso el papel del psicoanalista no es *atrapar al vuelo* una frase, lo implícito, un lapso, un comportamiento o una resistencia, para luego devolvérselo a la persona bajo otra forma? También me intereso por todo. Me encanta alimentarme y enriquecerme de todo lo que me puede ser de provecho. En mí hay una parte de epicúreo que quiere disfrutar de lo que le es dado a vivir y meter cucharada en todos los ajos. Eso es un poco de aquello que simboliza el cazamariposas. Atrapar cosas ligeras, evanescentes, que no todo el mundo puede percibir.

Se habrá dado cuenta de que el primer recuerdo hace sólo referencia a mí mismo, no hay nadie más. No se menciona a mis tíos más que como "referentes geográficos". Así pues, estoy solo. Es verdad que la soledad, cuando es de corta duración, no me molesta, más bien al contrario. Dicho lo cual, lo cierto es que necesito compañía (reencontraremos esa necesidad de socializar en el segundo recuerdo, en el que intervienen mis hermanos y los juegos). No obstante, mis deportes favoritos (esquí, *squash*, tenis, natación…) son deportes individuales. No me gustan los de equipo. Además, no me siento especialmente atraído por la naturaleza. Me lo paso bien a solas, salvo si estoy con amigos y se organiza una salida vinculada con un proyecto (salir para entrar en contacto con la Naturaleza, ir a buscar setas…). De hecho, soy un hombre de ciudad: me encanta París, el olor del metro, los coches y las braserías con terrazas en la acera.

Salir (Vendée) no me desagrada, pero debe tratarse de una salida bastante segura (jardín). No soy un trotamundos, me gusta explorar el mundo y sentirme seguro, a la vez. Encajo con los descubrimientos, deportes, convivencia, libertad de acción, pero también con los espacios protegidos y las estructuras. Aunque siempre me gusta descubrir un sitio nuevo o un restaurante desconocido, tiendo a ser muy fiel a los lugares que frecuento. «Libertad en el seno de límites libremente aceptados», diría ciertamente James Joyce. Desde este punto de vista, el gallinero del fondo del jardín corrobora lo que acabo de decir. Además del elemento alimenticio que vehicula (volveremos a encontrar este aspecto alimenticio en el tercer recuerdo, con el mercado cubierto), yo vería un equivalente del jardín: 1) el gallinero es un espacio semicerrado donde las gallinas pueden circular entre interior y exterior, y 2) las gallinas no vuelan, aletean.

Este primer recuerdo dice ya bastante sobre mi personalidad y mis gustos. Observemos ahora lo que dice mi segundo recuerdo.

Segundo recuerdo: *la caída por la escalera de mi hermana Annick, que se le había subido a la espalda a mi hermano Yves y que, al caerse, se rompe un canino superior.* Sucedió en la casa de mi primera infancia. La escalera era bastante empinada. No tengo un recuerdo personal de ello, pero me dijeron que ese accidente sucedió porque yo les hice cosquillas y les desequilibré. Debía tener entre cuatro y cinco años.

En ese segundo recuerdo aparecen los hermanos en la actividad más distendida de todas: el juego. Este juego sucede en casa (espacio seguro), pero vaya, acaba en accidente. Se deducirá que el espacio seguro no lo era tanto como daba la impresión. Lo que sé de toda mi primera infancia (tenía poco más de un año), es que fui violentado en varias ocasiones por una gobernanta. Personalmente, no recuerdo nada. Mi madre se dio cuenta al fijarse en marcas de golpes en mi cuerpo. A la gobernanta la echaron de inmediato, en cuanto se desataron las lenguas mudas de mis hermanos y hermanas, hasta entonces cerradas por temor a las represalias de aquella mujer. La casa, espacio de seguridad (vientre materno, como digo a menudo), para mí fue al mismo tiempo un espacio peligroso. A pesar de la ausencia de recuerdos al respecto, creo que capitalicé bastante bien ese episodio de mi vida y me beneficié de una posición de víctima que usé y abusé durante toda mi infancia. Una de las frases favoritas de mi madre era: «Dejad de molestar a vuestro hermano pequeño», cuando en realidad era yo el que les molestaba casi siempre.

En este segundo recuerdo aparece la cuestión de la responsabilidad y la culpabilidad. Curiosamente, no recuerdo mi implicación en ese accidente. En mi memoria quedan imágenes alegres de risas y diversión, pero en ningún momento recuerdo sentirme culpable de lo que poco después se me acusará. Es natural tratar de encontrar una cabeza de turco cuando algo desagradable nos cae encima. Pero también es natural olvidar lo que nos desagrada saber. Sea como fuere, y aunque no he mantenido ningún recuerdo de reproches o castigos por parte de mis padres, lo cierto es que mi recuerdo emocional lleva la marca de la reprobación familiar. En ese preciso instante abandoné el paraíso de la inocencia infantil.

Eso está relacionado con la imagen del niño más bien difícil en que me convertí a continuación. Culpabilidad y responsabilidad suelen ir de la mano en mi vida, primero en mis propios comportamientos de niño y adolescente más bien negligente, y luego, ya de adulto, sublimadas[2] en un proceso de investigación ética y de hacerme cargo de mí mismo y de los demás.

Al escribir estas líneas, mi hermana Annick me telefonea para saber de mí. Aprovecho para preguntarle si ha conservado el mismo recuerdo de esa situación. No. Para ella, yo no les hice cosquillas, sino la zancadilla a mi hermano (lo cual me parece todavía peor). Ella no se le había subido a la espalda, sino a los hombros. Se sorprende de que yo haya mantenido esa culpabilidad, pues la gravedad del accidente no le parecía que había tomado tales proporciones. De hecho, creo que ella minimiza los hechos, pues siempre me ha adorado y por fuerza debió de sentirse muy desvalorizada por la historia del diente, que arrastró hasta los dieciséis años. En todo caso puede constatarse, una vez más, de qué manera tan diferente pueden dos personas vivir una misma situación. Paso a mi tercer recuerdo.

Tercer recuerdo: *este recuerdo es el de mi madre echándose de repente a llorar, a mi lado, en el mercado.* Este mercado cubierto está en Niza. Estamos los dos solos. Yo soy muy pequeño; debo tener cinco años. Estoy muy conmovido; le digo: «Mamá, no llores...».

Este es un recuerdo esencialmente nutritivo, tanto en el sentido físico como afectivo del término. Por una parte, el mercado (alimentos), y por otra, la madre (seno materno). Se refiere evidentemente a la díada madre-hijo. Es sorprendente que mi inconsciente haya buscado ese episodio pues, siendo el cuarto y último hijo de la familia, rara vez he vivido –durante mis siete primeros años– momentos a solas con mi madre. En principio, eso podría pasar por un mal recuerdo, pues mi madre se echa a llorar, pero no estoy tan seguro de que sea así. Lo que aquí me parece que transpira es más bien la expresión del deseo de una relación simbiótica con ella. También aparezco aquí como consolador de mi madre. Es un papel que adopté con frecuencia, respecto a los demás, durante mi adolescencia. No nos hallamos muy lejos de las dos cualidades fundamentales de un psicoterapeuta: la empatía y la identificación.

Desde un punto de vista relacional, es cierto que de niño nunca fui un líder. Desde la adolescencia di prioridad a las relaciones entre dos y, como sabía escuchar bien a los demás y hablar de sus problemas, solían cogerme de confidente. Todavía hoy en día, y aunque me gusta animar grupos, organizar seminarios, cursos, lo cierto es que mi actividad principal sigue siendo la consulta individual, el trabajo entre dos. Aprecio mucho los encuentros cara a cara. Por otra parte, también me gusta la lectura, que considero como una conversación privilegiada entre el autor y yo. Y ya se habrá dado cuenta de que a menudo me inclino por el diálogo entre usted y yo.

Pasemos ahora a observar esos tres recuerdos y su relación entre sí.

El jardín, la casa y el mercado cubierto son espacios cerrados. El conjunto da una impresión de protección. Existe una buena coherencia entre lo que revelan mis recuerdos y mi estilo de vida. Probablemente soy un hombre que necesita sentirse seguro en un espacio reconocible.

Como ya ha constatado, la nuclearidad básica en su forma clásica no aparece en mis tres recuerdos, pues mi padre no está presente. Eso no tiene por qué sorprenderle si le digo que mis padres se divorciaron muy pronto. Yo contaba con seis años en el momento de la separación. Durante los años de mi primera infancia, mi padre estuvo, al menos en mi recuerdo, muy poco presente. Aunque nunca me levantó la mano, le tenía miedo, sobre todo cuando fruncía las cejas (lo que hacía con frecuencia). A pesar de que su ausencia no contribuyó a que me abriese al gran mundo –recordará que dije que el padre muestra al niño el mundo exterior–, por el contrario, prácticamente no tuve que sufrir el superego paternal que a menudo causa estragos, sobre todo en los chicos. Jean-Paul Sartre lo resumió diciendo: «Cuando los padres tienen proyectos, los hijos tienen destinos».

El segundo recuerdo parece el menos significativo de los tres. Aunque un recuerdo sobre los hermanos debería informarnos acerca de las relaciones difíciles con mis hermanos y hermanas (¡yo era el pequeño!), no nos dice nada. De hecho, creo que este segundo recuerdo no está ahí más que para señalar el carácter de falta de seguridad que puede tener la casa. Si la gobernanta me hubiese pegado más tarde, hacia los dos o tres años, ese recuerdo habría podido aparecer como una primicia, pero no fue así.

En cuanto a la convergencia del mundo externo e interno, los trabajos que he desempeñado sucesivamente me parecen corresponder a los tres recuerdos que he relatado. Profesor de francés en las Escuelas Berlitz, intérprete y traductor, psicoterapeuta y escritor. En esos cuatro oficios vuelve a encontrarse ese punto de transmisión, tanto si se trata de transmitir un conocimiento, de traducir una lengua a otra, de interpretar recuerdos, sueños o comportamientos, o de exponer el estado de mis investigaciones al lector. Después de todo encaja con la imagen que tengo de mí mismo: siempre me he considerado como un "transmisor" de valores.

Puede darse cuenta de qué manera los recuerdos encajan con la situación actual de quien los expresa. Y no obstante, algunas cosas resultaban demasiado personales para escribirlas en un libro. El mismo Freud ya lo explicó cuando publicó *La interpretación de los sueños*. En su preámbulo de la primera edición, escribió: «No he podido resistir la tentación de atenuar varias indiscreciones mediante omisiones y sustituciones, siempre en gran detrimento de mis ejemplos».[3] Los tres recuerdos que he descifrado para usted no guardan ninguna similitud con la implicación personal que Freud mostró a lo largo de las cerca de quinientas páginas de su libro, pero no por eso ha sido menor la dificultad.

GÉRALD NO QUIERE DEBER NADA A NADIE

Entre mis actividades, a veces trabajo con empresas en el marco de la formación continua. Así fue como tuve el placer de conocer a un joven –al que llamaremos Gérald– que tropezaba con algunas dificultades relacionales en su trabajo. Ya le habían hablado de mí en varias ocasiones, sobreentendiendo que tal vez le sentase bien hablar con alguien neutro, pero nunca había dado el paso, al juzgar que no tenía nada especial que contarle a un psicoterapeuta. Nuestro encuentro se produjo en un pasillo y fue frente a una taza de café como iniciamos nuestra conversación.

Llegado a la empresa entre los primeros empleados contratados, Gérald realizaba un trabajo excelente y tenía frente a sí una carrera más que prometedora, si no fuese porque su carácter fuerte le llevaba a oponerse regularmente a sus jefes, a los que ponía a prueba constantemente. Ya se había encontrado, en varias ocasiones, a punto de ser despedido, pero las cosas se habían calmado por sí mismas. Le parecía extraño que le tratasen "como el último mono" y que al mismo tiempo viniesen en su busca cuando le necesitaban. En una ocasión en que hubo que reorganizar la empresa incluso le propusieron un puesto de mayor responsabilidad.

A Gérald le encantaban los desafíos. No hay nada que pudiera interesarle más que encargarse de un proyecto desde la base y llevarlo a su realización; pero una vez que había hecho lo más importante, no tardaba en aburrirse. En la empresa le llamaban "el mercenario", y no era para incomodarle. Decía ser franco, honrado, sincero y que no soportaba las "malas" mentiras ni la malicia.

La empresa le había propuesto un curso de formación, pero tras haber aceptado, se lo volvió a pensar. «El colegio nunca ha sido lo mío, aunque siempre fui bueno. Pero nunca lo soporté. No me gusta el sistema escolar y, sobre todo, no soporto la mediocridad en los profesores. Si un profesor no tiene razón, soy capaz de pelear como un león para demostrarle su error. Ya imagina qué puede pasar…»

No perdía el tiempo. Fue precoz en muchos temas, tanto en los deportes (windsurf) como en las conquistas femeninas. A los veinte años tuvo un hijo. «De todos modos, siempre he estado desfasado respecto a mi edad. A los dieciséis frecuentaba a gente de veinticinco o más.»

Lo que me parecía desprenderse del discurso de Gérald era la resistencia o, para decirlo mejor, la contracorriente. Era como si no desease someterse a nada ni a nadie. Fácilmente habría podido deducir una tendencia histérica, tipo Carmen (si tú no me quieres, entonces yo te quiero...), pero la cosa no parecía tan clara. Sobre todo me preocupaba la cuestión del *desfase*, y pensando que tal vez un recuerdo de la infancia podría aclararme algo, le dije por sorpresa: «Venga, vamos a jugar un poco al psicoanalista, ¿le parece? ¿Podría relatarme un recuerdo muy antiguo, un recuerdo de su primera infancia, a ser posible?». Sin esperar a que pasasen ni tres segundos, me dijo: «Cuando tenía tres años me perdí. Íbamos de paseo por la calle principal, en Menton, que era peatonal, me parece. Estaba con mi madre y mi abuela. Miré a un bebé en un cochecito y, cuando levanté la cabeza, no vi a nadie. Ellas me buscaron por todas partes, llamaron a los bomberos y a la policía. Yo volví andando, solo, a casa de mis abuelos, que estaba a quinientos metros de allí. Fui por la acera, atravesé dos calles y llegué a la casa».

«En suma, que se las apañó solo», concluí yo. «Sí, así es». Luego le pregunté si sabía qué significaba el recuerdo. «Bueno, parece decir que me las apañé bien.» Dije sí y no con la cabeza. «Creo que además de decir: "Me las apañé solo", su recuerdo dice: "No necesito a nadie" y probablemente también: "No quiero estar en deuda con nadie".»

Me di cuenta de que el tema empezaba a interesarle. «No lo había considerado nunca así –me concedió–. Pero es verdad. Por ejemplo, no quiero ni oír hablar de los créditos. Si compro un coche lo pago en metálico. Me horroriza deber.

Hago favores siempre que puedo, pero personalmente, nunca tomo prestado nada de nadie.»

«De hecho –continué yo–, cuando antes señaló, con cierta amargura parece ser, que se le trata como al último mono, pero que venían a buscarle cuando hacía falta, su amargura podría ser justificada. Pero es que usted es el que induce ese tratamiento. Como no quiere deber nada a los demás, deben ser ellos los que vengan a solicitarle (nosotros, nosotros te necesitamos). Eso también podría explicar por qué no es competitivo en dirección. Un jefe se ve obligado a "pedir" a sus colaboradores. Usted se siente mejor cuando son los otros los que vienen a buscar algo. Eso también explicaría, al menos en parte, por qué se ha resistido tanto a hablar conmigo. Tal vez no quería tener que deberme algo...»

Este recuerdo ha iluminado un tipo de comportamiento que ni Gérald ni los directores de la empresa podían llegar a sospechar. Lo que podría dar la impresión de ser un comportamiento colérico o arrebatado se ha podido reinterpretar como un comportamiento proveniente de lo más profundo de su infancia. Pues existe una gran diferencia entre: «Sé arreglármelas solo», y: «No quiero deberle nada a nadie». El mensaje que probablemente se engramó en el cerebro de Gérald fue: «¿Os creéis que los niños pequeños dependen totalmente de los adultos? Pues mira, os he demostrado que aunque soy un niño muy pequeño, me las apaño bastante bien sin vosotros». A partir de ahí, Gérald pudo comprender las verdaderas motivaciones que se ocultaban tras su actitud, y probablemente habrá sabido tomar las decisiones más convenientes de cara a sus intereses.

UN RECUERDO DE RETRAIMIENTO:
EL CASO DE VALÉRIE

No imagine que el análisis de los recuerdos resulta siempre tan provechoso. A pesar de los centenares y centenares de recuerdos escuchados en mi vida y a pesar de mi práctica de interpretación, también puede suceder que el recuerdo contado por una persona resulte totalmente desconcertante, es decir, que no me diga nada. Pero nada de nada. Uno ha intentado comprender la relación entre las cosas sin hallar ninguna. En esos casos, se tiene tendencia a poner en entredicho toda la teoría propia y hace falta una buena dosis de optimismo para no plegar los bártulos y desaparecer sin querer saber nunca nada más del asunto.

Un recuerdo que no habla también puede ser expresión de un estilo de vida, o de una dificultad de la vida que la persona tiende inconscientemente a borrar. Algunos aparecen disfrazados, como decía Bruno Bettelheim, otros aparecen simplemente en la discreción y la contención. No son figuras sombrías, sino figuras de delicadeza y simplicidad.

Un día, Valérie, una mujer enérgica de cincuenta años, me dijo: «Si no soy feliz es porque me impido serlo. Vivimos en una sociedad en la que se ven demasiadas injusticias. Yo me siento contenta de no ganar mucho dinero. Comparado con quienes no tienen nada, me parecería escandaloso tener demasiado». Acepto esa declaración suya, pero al mismo tiempo, no sé muy bien por qué, al escucharla hablar, tengo la sensación de que, de hecho, ella deplora su situación. Para intentar saber algo más de esa actitud que en apariencia parece perjudicarla (en general a todo el mundo le gusta ganarse la vida bien), le propongo que me cuente espontáneamente un recuerdo de su primera infancia. «Deberá ser, obligatoriamente, en Auvernia –empieza ella–, pues allí es donde pasé la primera parte de mi infancia. La casa donde vivía. A diferencia de mis hermanos, de los que se ocupó mi madre, a mí me crió una joven gobernanta que apenas tenía dieciocho años. No sé por qué la contrataron mis padres, dado que en casa ya había servicio. Además, mi madre no trabajaba. Lo más curioso es que sólo tengo fotos de ella cogiéndome en brazos. Ninguna de mi madre. Recuerdo que cuando esta niñera se fue me quedé muy triste.»

Me dirá que los indicios eran insuficientes. El único detalle que me llama la atención es que sitúe la decoración al principio y que insista en «la casa en la que vivía». Como ya sabrá, en psicoanálisis, la casa suele asimilarse al vientre materno. Decido no perder de vista ese detalle y me apresto a pedirle un segundo recuerdo, cuando, al ir a hacerlo, ella me interrumpe: «Lo que le he contado me recuerda algo que había olvidado por completo. De niña siempre temí no ser hija de mis padres. Tenía miedo de que se hubiesen equivocado en la clínica».

Ese recuerdo que aparece "como por casualidad" en el momento preciso hace que me diga que estoy en el buen camino. Si no soy la hija de mis padres, no formo parte del linaje, no tengo una existencia legal, mi vida descansa sobre un error. Se me tolera, pero no ocupo el lugar que me correspondería. En consecuencia, debo retraerme, ser pequeñita. Dicho de otro modo, si carezco de pertenencia, tendré mala conciencia de ser en el engaño. Se comprende que con un sentimiento así de sí misma, resulte muy difícil salir a conquistar la vida y el mundo, como Alejandro, o que se quiera soplar a pleno pulmón los pífanos de la fama.

El "yo que no soy yo" había reducido considerablemente la envergadura de su persona. Al tener el sentimiento de haber tenido que eclipsarse, se había *convertido* en una mujer retraída. Y su recuerdo era la expresión de ese estilo de vida. Un estilo de vida más bien oculto, secreto.

No hay nada malo en vivir en el secreto. Es cuestión de temperamento. Algunas personas necesitan brillar y otras ni aparecer. Tanto si se trata de la vida, de un golpe de fortuna o de cosas buenas, les cuesta mucho disfrutarlo. No se dan derecho a hacerlo. Viven más en la retención que en el intercambio. Al mismo tiempo, suelen ser personas muy interesantes y de un buen nivel cultural, pues tienen una vida interior rica, se hacen muchas preguntas, les gusta leer, etcétera. No es que carezcan de interés, sino que se sienten ininteresantes. Con un desajuste tal de imagen, acaban, por complejo, huyendo de las relaciones interpersonales, evitando a la gente. Optan por el retraimiento, dan la impresión de desinteresarse de los demás, cuando en realidad están simplemente impresionadas.

Partiendo de una declaración general acerca de la sociedad y sus dificultades, Valérie llegó a reanimar y verbalizar el recuerdo de una angustia secreta muy antigua (la de no ser hija de sus padres), que indicaba el camino seguido posiblemente por esta persona para poner en práctica el estilo de vida correspondiente a una vivencia profunda. Un recuerdo de la infancia que, en principio, *no parecía decir nada*, en el sentido principal del término, ha resultado tener mucho sentido una vez que ha sido interpretado, no sólo con respecto al discurso, sino al estilo de vida de la persona: me retraigo, luego existo.

Toda interpretación supone que podemos basar nuestro análisis en elementos fundados, en bases estables. Ahora bien, los recuerdos, a semejanza de los sueños, son producciones eminentemente subjetivas. ¿Cómo separar la parte de realidad de la de ficción? Conviene distinguir los tipos de situación. En algunos casos, la verdad importa poco; incluso diría que estrictamente carece de toda importancia. Por ejemplo, ¿fue en Pinto o en Valdemoro donde perdiste el reloj de plástico que te regaló el padrino al cumplir seis años? En otras circunstancias, sobre todo cuando se trata de acoso, de violencia física o psicológica, de abusos sexuales, la verdad deberá ser puesta al descubierto, pues es precisamente la imprecisión, la incerteza o la negación en las que la persona se habrá debatido durante años y años, las que habrán impedido el trabajo de reconocimiento, de reparación o de duelo necesario.

Las heridas del alma curan, a condición de que se las trate. Y para tratarlas hay que atreverse a abordarlas abiertamente, lo que no siempre resulta fácil, pues en la tormenta se pierden las referencias con facilidad y se llega a dudar de todo, incluso de los propios recuerdos.

PARTE IV:
LAS HERIDAS

9. HISTORIA VERDADERA, HISTORIA FALSA

«Me vienen a la memoria los cinco primeros años de mi vida, esos años que habían estado cubiertos de un velo de misterio por parte de mi abuela Paulina y de todos los demás.»

ISABEL ALLENDE
Retrato en sepia

LA PARTE FALSA EN NUESTROS RECUERDOS DE LA INFANCIA

Cuando una persona emprende un trabajo psicoterapéutico, suele sentirse molesta por tener que librar sus recuerdos, pues difícilmente puede distinguir entre la realidad de lo que vivió y lo que recuerda. Preocupada por la autenticidad, quiere poner en guardia al terapeuta acerca de la veracidad de tal o cual información. Llegado el caso, me esfuerzo en proporcionarle seguridad, haciéndole comprender que lo que siente es muy normal en la medida en que los hechos o las anécdotas que cuenta pasan obligatoriamente por el filtro de su subjetividad y, por tanto, no pueden ser valoradas como verdades objetivas. Por otra parte, generalmente digo esto adoptando la forma de una broma, tipo: «No se preocupe, que no me creo nada de lo que dice», una actitud paradójica que, evidentemente, se presta a la sonrisa, pero que le asegura acerca de que su mensaje no va a recibirse de forma literal.

En cuestión de recuerdos, la *verdadera verdad* importa poco. Resulta mucho más interesante la manera en que los vestimos. En el primer recuerdo que he contado de mi propia infancia, he hablado de un cazamariposas. Pensándolo dos veces, recuerdo que en realidad se trataba de un salabre de pesca que mi madre había comprado en una tienda de artículos de pesca junto al mar. En este caso, lo que es interesante es ver cómo, en mi recuerdo de adulto, he transformado el uso de ese objeto. ¿Por qué no he recordado que fui a pescar gambas? ¿O de habérselo puesto a mi hermano de sombrero? ¿O de habérmelo puesto yo mismo en la cabeza, como si fuese la máscara protectora de un esgrimista? Todas estas anécdotas vividas no se manifiestan más que a toro pasado. Ahí reside el sentido del recuerdo, así como su misterio y sentido latente. Mi inconsciente, a través del trabajo del recuerdo, ha reconstruido a su manera los elementos de los que tenía necesidad para mantener la coherencia con mi estilo de vida.

Al inconsciente no le preocupa la verdad; la única verdad que le importa es la experiencia que deriva de la situación vivida y cómo la puede ordenar con respecto al conjunto de nuestra economía psíquica. Hay que tener en cuenta que nuestras debilidades y resistencias también pasan de la misma manera por el canal de nuestra subjetividad y que pueden, igualmente, contribuir a alterar la visión que tenemos de nuestros recuerdos. Los períodos difíciles de la vida, los que nos han desagradado o hecho sufrir, los que han podido contribuir a hundir nuestra imagen (fracasos, humillaciones, vergüenzas…), serán, en su mayoría, reescritos por nuestro inconsciente, que dejará el sello de *su* verdad.

Todas las personas de nuestro entorno que han marcado nuestra infancia, o que han participado en ella, también cuentan con su propia percepción de los acontecimientos. Cuando sus proyecciones tropiezan con las nuestras, nos vemos enfrentados a complicados enredos. A veces, esas diferencias perceptivas se situarán en un plano relativamente anecdótico (recuerde la historia del diente de mi hermana). En otras ocasiones, como vamos a ver, las posiciones parecerán mucho más decisivas.

LOS RECUERDOS QUE SE NOS NIEGAN

Si generalmente suele estarse de acuerdo en que la edad media de rememoración de los primeros recuerdos de la infancia gira alrededor de los tres o cuatro años, algunas personas son mucho más precoces en esta rememoración, lo que desconcierta a los padres, que consideran imposible que el niño pueda recordar elementos tan antiguos. En lugar de aceptar el discurso del niño, es decir, felicitarse, tienden a atacarle sin pensárselo dos veces para demostrarle que tal cosa es imposible, que se equivoca, que se lo inventa, etcétera. Es cierto, algunos detalles del pasado rememorado son poco significativos, pero cuando se trata de cuestiones más importantes, la actitud dubitativa, burlona o rencorosa de los padres parece sembrar la confusión en la mente del niño, que deberá renunciar a tal o cual parte de su infancia para no entrar en conflicto con los padres. Ya he dicho que cuando tenía un año me pegó una gobernanta. Si yo no me acuerdo, otra persona –¿tal vez usted?– bien pudiera acordarse a pesar de la edad precoz. No hay que pensar que se trata únicamente de una cuestión de principios, del niño que se emperra, contra toda evidencia. En psicoterapia tengo tendencia a conceder mucho crédito a lo que expresan los niños en materia de recuerdos porque no veo ninguna ventaja en que mientan. Después de todo, los detalles con los que acompañan sus recuerdos me llevan por lo general a concluir su veracidad sin ningún género de dudas. A mi modo de ver, a los padres no les acaba de gustar que su descendencia dé muestras de ser un prodigio, porque eso les rebaja a ellos mismos. Pero creo que es importante dejar que el niño cuente con su patrimonio de recuerdos, pues, aunque pueden contener una parte de error, esta se inscribe en una vivencia de conjunto que es fundamental para él, ya que, precisamente, la verbaliza.

Otros padres disfrutan maliciosamente desordenando y confundiendo el pasado familiar, porque tienen vergüenza, porque quieren mantener el secreto, o incluso por motivos a veces totalmente absurdos de búsquedas de superioridad o de poder respecto a su hijo. Sí, es cierto, no hay nada más fácil que rebatirle a una persona más joven la exactitud de tal o cual recuerdo, cuando se goza de la superioridad de la edad. En caso de rebatirlo con argumentos, se darían de morros contra la pared si la otra parte no diese su brazo a torcer. Recuerdo la consulta de una joven, Danièle, que se acordaba de haber escuchado a menudo, de pequeña, a su abuela hablar de sus orígenes judíos. Pero, más tarde, su madre convirtió en una especie de cuestión de honor afirmar lo contrario, pretextando que su abuela nunca podía haberle dicho tal cosa, que sus orígenes eran "lisa y llanamente" italianos, ¡y basta!

Tras esta historia se presiente el dilema al que se veía enfrentada la joven. ¿Qué creer? ¿Podía haberse engañado a sí misma hasta tal punto? ¿Por qué habría mentido la abuela? ¿Por qué insistía tanto su madre en negar esa realidad? Danièle tenía la sensación de que se le estaba intentando robar una parte de su identidad e insistió más cuando su madre adoptó una actitud que parecía inflexible y autoritaria.

Danièle aguantó e investigó por su cuenta con el resto de la familia, sobre todo con su bisabuela que, en principio, afirmó no saber nada, antes de reconocer que, en efecto, su familia, judía por parte de su madre, se había establecido en Armenia antes de emigrar a Italia. Tal vez piense que esta historia sobre el origen carece de importancia. Pero la tuvo cuando Danièle conoció a un joven nacido en el seno de una familia judía practicante para la que resultaba inconcebible un matrimonio mixto.

Que yo sepa, esta historia terminó bien. ¿Pero cuántas otras se quedan colgando, dejando a las personas encalladas en los arrecifes de la duda y de la negación a falta de un reconocimiento por parte del entorno familiar de lo que ha vivido realmente? Muchos de nosotros somos víctimas del robo de una parte de pasado. Para unos será, como hemos visto, una cuestión relativa a los orígenes; para otros, la presencia oculta de un o una amante en la vida de su madre o de su padre; y para otro más, la pobreza en la que vivieron durante cierta época de su vida y que sus padres quieren minimizar, correr un tupido velo sobre ella, etcétera.

Vivir esas situaciones de rechazo del recuerdo por parte de los padres suele ser muy doloroso, pues llevan a los que las padecen a dudar de su propia memoria y de sus propias facultades mentales y, finalmente, de ellos mismos. No obstante, es necesario saber que tales negaciones pueden engendrar trastornos y afecciones somáticas graves en la medida en que impiden que la persona tenga acceso al conjunto de su historia. Será todavía más difícil cuando el suceso realmente vivido pero negado esté vinculado a un trabajo de duelo, necesario por las circunstancias, pero imposible de realizar a causa de la negación, como en el caso de los genocidios.

Por ello, los recuerdos que se nos rechazan se convierten en recuerdos que uno *se* rechaza, un poco como si se tratase de hacerse daño con el daño que nos hace o que se nos hace. A veces, se tratará de un mal larvado, insidioso, y en otras ocasiones, de un mal bien visible, y en ambos casos puede pensarse que conducirá a auténticas situaciones traumáticas.

Aquí nos acercamos a la cuestión de los secretos familiares y los silencios, puesta de manifiesto por la psicoterapeuta Anne Ancelin-Schützenberger. Permítame decir algo al respecto. En su libro[1] esboza un cuadro penetrante y perturbador del peso que pueden tener los secretos de familia cuando son percibidos por el psiquismo de una persona, pero no conscientizados. Plantea los casos de curación inesperada, incluso en enfermedades graves como el cáncer, a consecuencia de la conscientización de cosas mantenidas en secreto por las familias, a veces durante varias generaciones. «Trabajo –dice– en lo que llamo el genosociograma […] reconstruyendo el pasado a menudo de dos siglos (de siete a nueve generaciones) y a veces más.»[2] ¿El objeto de su análisis? «Acontecimientos de los que la familia "se avergüenza" o una "situación difícil", algo "muy mal visto", "feo", "turbio", "malo"… Por ejemplo, un asesinato, una muerte sospechosa, la tuberculosis, la sífilis, un internamiento, una estancia en el hospital psiquiátrico, o en la cárcel, una ruina, una enfermedad "vergonzosa", un adulterio, un incesto. Se trata –dice– de olvidar algo o a alguien caído en desgracia o que desgració a la familia, que por ello tenía vergüenza y no hablaba nunca de la cuestión.»[3]

Volvemos a encontrar este tipo de dramas debidos a lo que no se dice en los recuerdos que la familia le rechaza a un niño (se le quiere hacer olvidar algo de lo que no se habla), y aunque la etiología es distinta, las consecuencias para el equilibrio psíquico o para su salud serán más o menos las mismas. Abordaré este problema en toda su gravedad cuando hable del silencio que rodea los problemas de abusos sexuales y de incesto.

LOS RECUERDOS QUE NO NOS PERTENECEN (RECUERDOS DE CUCO)

En nosotros llevamos recuerdos que no nos pertenecen. Los llamo *recuerdos de cuco* (el cuco se caracteriza por ir a poner sus huevos en nidos ajenos). El caso no es tan raro como para que no valga la pena detenerse en ello. Resultará mucho más digno de interés cuando aparezca en primer lugar en una serie de tres recuerdos.

Hace poco, uno de mis amigos (al que llamaré Jean) me consultó acerca del tema de mi próximo libro. Cuando le dije que mi estudio trataba de la estructura dinámica de los recuerdos, exclamó: «Yo no me siento en ab-so-lu-to concernido por los recuerdos». Como su reacción me pareció interesante, le pedí que contase uno allí mismo.

−¿Un recuerdo de verdad o un recuerdo que me hayan contado? −me preguntó.

−Como quieras −contesté.

−Tengo uno que me han contado. Tenía un año, mi madre estaba hospitalizada; me buscaron un ama de cría. Resulta un poco misterioso...

Es cierto que los recuerdos de cuco tienen un carácter un tanto especial. Pues si los vehiculamos en nuestra biografía, no es cuestión baladí. Los analizo como si formasen parte de nuestra *mitología* personal. ¿Qué es un mito? Para expresarlo en pocas palabras, diría que es la historia de un personaje o de una persona, que es del dominio público. Nuestras mitologías personales singularizan o refuerzan la historia de nuestra vida. Se dará cuenta de que generalmente se trata de cosas poco extraordinarias. Si la anécdota ha sido dicha, repetida y comentada por un adulto, es que verdaderamente no debe ser habitual. Así pues, regresando a mi segundo recuerdo de la infancia, recuerde que dije que me contaron una historia según la cual una gobernanta me había pegado. También recordará que dije lo que había *capitalizado* a cuenta del episodio, beneficiándome así de una posición de víctima de la que ciertamente abusé durante mi infancia.

Pero el mito no sólo actúa en positivo. La singularidad puede residir en un defecto o anécdota discriminatoria. Por ejemplo (ahora invento un poco), es un hecho notorio que a los tres años Marine (o Frédéric, o Armand) hizo sus necesidades en el coche del tío René, debido a un ataque de diarrea súbita. Sí, también hay que contar con ese tipo de mitología negativa con el que no es nada fácil vivir, sobre todo cuando el entorno familiar no pierde ocasión de recordar el incidente y reírse. Mi hermana mayor, comía cerezas y daba los huesos a mi hermana pequeña para que se los comiese, la cual, evidentemente, los fue tragando uno tras otro. No es un recuerdo personal, pero recuerdo esa anécdota como si se tratase de una historia bastante fantástica de la que se hablaba a menudo. En cuanto a mi hermana *tragadora de huesos de cereza*, aunque debió vivir un momento duro cuando tuvo que expulsarlos, lo cierto es que tampoco debió de resultarle nada fácil soportar la mitología que se vehiculó a cuenta de ello durante años.

Todos tenemos, junto a nuestros propios recuerdos, recuerdos de cuco. La infancia y la vida familiar constituyen, al respecto, un potente mantillo relacional, donde toman cuerpo las historias personales y las colectivas, entrechocando y desarrollándose. Decía Jean que no le importaban los recuerdos, pero él si concierne a los recuerdos. Hablan en voz alta de él y de su parte de inconsciente.

RECUERDOS FALSOS Y MANIPULACIÓN MENTAL

Lo anterior me lleva a sacar a colación, brevemente, una cuestión que ya ha hecho correr ríos de tinta, sobre todo al otro lado del Atlántico, a saber, la actualización por parte de ciertos psicoterapeutas y psicoanalistas de los *supuestos* recuerdos reprimidos acerca de *pretendidos* abusos sexuales padecidos por los pacientes en la infancia. En mi opinión, aunque es notorio que el problema existe, el mundo científico todavía no ha considerado cuidadosamente la cuestión.[4] ¿Qué postura tomar frente a este problema?

Todo psicoterapeuta un poco experimentado conoce en su práctica psicoterapéutica a personas que relatan problemas de incesto. En ciertas circunstancias, el discurso sobre el traumatismo padecido es especialmente claro. El psicoterapeuta debe acoger esas palabras de dolor y ayudar a la persona a canalizarlas y presentarlas. Pero en otras ocasiones, el discurso no es tan claro y entonces el profesional debe ayudar a desentrañar el nudo de pensamientos, sentimientos, emociones y dudas que sumergen el recuerdo de la persona. Si el psicoterapeuta no es lo suficientemente sagaz, o si, por el contrario, está hastiado, puede darse la gran tentación de jugar a los salvadores, o de querer *pasar deprisa*, "dirigiendo" arbitrariamente los recuerdos de la persona que tiene delante, desdeñando hurgar en la verdad y la realidad de los hechos. Es fácil imaginar el desconcierto de una persona llegada para evocar un problema que no tiene nada que ver con ese y que de repente se encuentra frente a una horrible historia de sí misma de la que nunca oyó hablar.

Creo que todo psicoterapeuta ha recurrido, un día u otro, a un proceso de aceleración, realizando afirmaciones falsas a fin de descubrir la verdad. Pero si bien es cierto que a veces puede comprenderse mediante preguntas, digamos, anodinas, no ocurre lo mismo con temas tan graves como el incesto. La inmensa mayoría de los psiquiatras conocen el peligro de tales proyecciones y su ética les conduce a tratar con mucha paciencia y mucha calma las informaciones o las hipótesis que pudieran surgir a raíz de una confidencia o una duda expresada en el curso de una sesión; a veces incluso de pasada. En cualquier caso, siempre se tratará de dejar manifestarse los recuerdos y no de ir directamente a buscarlos por no se sabe qué razón.

10. EL RECUERDO
Y EL TRAUMATISMO

«El motor de mi vida es la esperanza, más que la ilusión.»

TIM GUÉNAUD
Tagueurs d'espérance

Una de las cuestiones más importantes que plantean los recuerdos, sobre todo los de la infancia, es la de los traumatismos. Estos traumatismos revisten formas diversas. Traumatismos vividos, traumatismos sufridos, traumatismos ligados a una situación en la que el niño, en uno u otro grado, se ha visto implicado y, finalmente, traumatismos que el niño ha podido ocasionar a otros, sea o no responsable de ellos.

Estos traumatismos, sea cual fuere su naturaleza, participan, a través de los recuerdos, de una percepción de uno mismo inevitablemente alterada, lo que lleva, a través de un encadenamiento *diabólicamente* lógico, a alterar la percepción que el niño habrá tenido (elaborada a posteriori) de los otros, del mundo y de la existencia. Regresaré a esta cuestión, con toda su gravedad, cuando trate de la culpabilidad.

Algunos niños se las arreglan para superar los traumatismos sufridos. Por lo general, no se sabe a qué achacar un giro de ciento ochenta grados de ese tipo. A menudo, conocer a una tercera persona contribuye a convertir el destino (un profesor majo, un educador comprensivo, un vecino o vecina especialmente afectuoso o afectuosa). También puede ser un vagabundo que de repente se convierte en amigo nuestro, como cuenta con tanta emoción Tim Guénard.[1] Por desgracia, el niño no encuentra todos los días a la persona adecuada, porque no esté presente en ese momento o porque él mismo no esté dispuesto a confiarse...

Digámoslo claramente, las imágenes vinculadas con recuerdos traumáticos de la infancia pueden llenar un catálogo de miserias imposible de describir: maldad, crueldad, perfidia, injusticia, arbitrariedad, imposiciones, malos tratos, sadismo, perversión, violencia física, psicológica y moral, agresiones sexuales o incestuosas. Todos los días, millones de niños de todas las partes del mundo son víctimas de la crueldad, de la perversión y de la barbarie de padres o adultos neuróticos, tarados, viciosos y desequilibrados.[2]

Sería un error pretender establecer una "clasificación dependiendo de la importancia" con objeto de evaluar el grado objetivo de daño causado. La injusticia, la vileza, la contumacia, el horror y la depravación no conocen clasificación. No demos un paso atrás; aquí nos enfrentamos a un estatus, no a una escala. El traumatismo que un adulto ha hecho sufrir a un niño debe ser reconocido como tal, y los psicólogos y psicoterapeutas deben esforzarse en no desnaturalizarlo con el pretexto de facilitar el paso al trabajo de duelo. Pues sólo cuando se reconoce en toda su amplitud puede evacuarse el traumatismo.

El traumatismo padecido

Cuando se consulta en un diccionario, se puede leer la palabra *traumatismo*: «sustantivo masculino. Conjunto de trastornos provocados por una herida, un choque, una emoción violenta».

Niños pequeños, medianos, grandes... ¿Cuántos de ellos están librados a la arbitrariedad de adultos que pretenden educarles o ejercer la autoridad sobre ellos y que, de hecho, les agravian, magullan, atormentan y oprimen? ¿Cuántos viven en la inquietud perpetua, en el estrés y la angustia? La violencia no reside únicamente en los golpes dados sobre el cuerpo. También sabe tomar formas tan edulcoradas como maquiavélicas: presiones, malevolencia, sobreentendidos, trapacerías, acosos, oposiciones de principio, que pueden minar la moral de un niño de manera tan sorda como un cáncer puede destruir durante largos años las células sanas de un cuerpo que se creía sólido como la piedra. Si en todo ello existe un aspecto en especial sorprendente es justamente en este desajuste de la imagen que exteriormente puede dar una familia denominada *bien en todos los sentidos*, y que, interiormente, gangrena a sus hijos mediante violencias psicológicas y presiones de lo más solapadas.

La mujer, cuando no toma parte en esas violencias, no por ello se queda al margen. Recientemente le he pedido a una mujer, de unos cuarenta años, que hiciese una lista de los temores que sentía respecto a su marido antes de la separación. Al menos ha anotado veinticinco miedos distintos. Preciso que se trata de una pareja de farmacéuticos. Pero lo peor para ella fue hablar de la maldad psicológica y a veces física de su marido hacia los niños, sintiéndose ella culpable por no protegerlos. Al cabo de un tiempo le pedí que tachase de la lista los miedos de los que se había desembarazado tras la separación. Los tachó todos excepto dos: el miedo de no estar a la altura de su marido en el plano profesional, y el miedo de no encontrar a otro hombre que ella pudiera amar y que la amase. Ya puestos, le pedí que anotase las libertades que había recuperado o descubierto tras la separación: reveló al menos treinta y dos. La primera era: «La libertad de vestir-

me por la mañana como quiero», y la última: «La libertad de
hablar sin miedo a desagradar». A través de este ejemplo se
constata cómo, en un contexto dado –a menudo el aislamiento–, una persona puede ser conducida a infantilizarse frente
a otra, pudiendo también imaginar cómo podrían ser tratados
los hijos. Mensajes contradictorios, amenazas, gritos, chantajes de todo tipo, mentiras, reproches infundados y reiterados cotidianamente llevan al niño a encerrarse o a excluirse
de sí mismo para no sufrir. ¿Cómo sobrevivirá la autoestima
en un niño así? ¿Qué recuerdos le quedarán de esos años de
miedo, angustia y estrés?

EL TRAUMATISMO VIVIDO

En el plano traumático (preciso bien: en el plano traumático, no en el de las consecuencias) no existen grandes diferencias entre un traumatismo vivido y otro sufrido. A un niño
pequeño, una explosión puede arrancarle un brazo, pero también puede haber asistido, aterrorizado, a esa escena sin haberla sufrido él mismo. Recuerdo que a los ocho años presencié una pelea entre dos hombres en un parque público. Uno
de ellos, en el suelo, recibía las patadas del otro en la cara.
Recuerdo que protestaba, retorciéndose en el suelo, con el
rostro y la boca totalmente ensangrentados. Estaba claro que
no podía revolverse, pero el otro continuaba asestándole patadas en la cara. A lo largo de mi vida he presenciado escenas
penosas, pero esa permanecerá para siempre grabada en mi
mente a causa del miedo que me produjo.

Las escenas dolorosas o violentas vividas en la infancia
dejan una huella indeleble porque tocan nuestra alma de niños, es decir, esa parte de nosotros tan frágil, todavía virgen e inocente. Las escenas de destrucción, injusticia, vio-

lencias verbales, psicológicas o físicas, de cosas macabras, escabrosas o desviadas se graban profundamente en el psiquismo del niño. Recordemos a Christiane, cuya hermana solía recibir violentas palizas de su madre, mientras que a ella nunca le puso la mano encima. Podemos imaginar el traumatismo respectivo de ambas hijas: una sacudida y la otra obligada a asistir a esas escenas de pesadilla.

EL TRAUMATISMO EN EL QUE EL NIÑO ESTÁ IMPLICADO O ES PARTE

En materia de traumatismos, a menudo se rememora el caso de niños que son víctimas de los adultos, pero se piensa menos en los traumatismos en los que están implicados, aunque no se pueda hablar de falta o responsabilidad por su parte. Esos recuerdos pueden ser muy vívidos en la mente del niño y su reminiscencia constante, objeto de muchos dolores. Si no se hace nada, si no se emprende ningún proceso psicoterapéutico, entonces el silencio, la vergüenza, la culpabilidad, los remordimientos y la tristeza se convierten en su pan de cada día.

Un día llegó a la consulta un hombre al que había enviado su médico, que al hablar con él creyó identificar graves problemas psicológicos que él no se sentía capaz de tratar. La carta que ese hombre me entregó venía a decir: «Querido amigo, te envío a M.D., que parece conservar algunas secuelas psicológicas a raíz de una tragedia sucedida en el pasado. Le confío a tus cuidados y gracias por todo lo que puedas hacer». Tono lacónico habitual para una situación de crisis a menudo urgentísima. Desde el principio de la consulta, el hombre me explicó que no se sentía con derecho a vivir porque era responsable de la muerte de su padre. Ante mi mirada interrogadora, me explicó que a los cinco años había cruzado la calle delante de su casa y que su padre, al darse cuenta, le había dicho que no se moviera, que iba a buscarle. Sintiendo a su hijo en peligro quiso atravesar la calle con demasiada rapidez y fue atropellado por un coche. Murió en el acto. Se celebraron las exequias, de las que se prefirió excluir a los niños, y luego la madre y los pequeños se fueron a vivir a casa de los abuelos y la vida fue recuperando su curso de manera progresiva. Nadie le había acusado de nada, achacándose a la fatalidad. Todo el mundo evitaba hablar de ello y la desgracia casi se olvidó. No obstante, en la consciencia de este niño, la certeza de haber matado a su padre se fue haciendo cada vez más intensa y se le metió en la cabeza que no tenía derecho a ser feliz nunca más. Y lo peor era que se hacía pagar la pesada falta cometida mediante castigos invisibles. Durante el resto de su infancia había navegado entre renuncias y frustraciones, entre resignaciones y sacrificios, sin que nadie se diese cuenta. Esa falta de ganas y de ánimos se había considerado como un rasgo de carácter taciturno y a nadie se le ocurrió que podía tratarse de una deuda que se estaba haciendo pagar. Para agradar a su abuelo, a los veintitrés años se convirtió en contable. Cumplía con su trabajo, pero no le apasionaba. La vida a medias tintas a la que se había condenado habría podido continuar durante largos años, hasta que una joven compañera se interesó por él. Tras rechazar sus avances durante varios meses, acabó sacándola de sus casillas y ésta le cantó las cuarenta antes de estallar en sollozos. Esos llantos tan sinceros crearon una brecha en el sistema de encierro que él había erigido y se encontró "sin razón" llorando ante su médico.

¿Cuántos de entre nosotros siguen arrastrando, ya de adultos, el doloroso sentimiento de haber sido responsables de la desgracia familiar, trátese de un accidente, una enfermedad o del suicido de uno de los padres, o bien de dificultades conyugales (separación, divorcio)? ¿Cuántos viven con esa voz acusadora que continúa resonando en ellos, y que les dice: «Si no hubieras estado allí, yo habría podido...», «si no hubieras nacido...», «si no hubieras sido una cruz y una carga para mí...»? ¿Cómo puede un niño no endosarse esa responsabilidad que le es asestada como si fuese una evidencia? ¿Cómo puede evitar vivir ese recuerdo como un puñal clavado?

EL TRAUMATISMO O EL ACCIDENTE QUE UN NIÑO HA PODIDO HACER SUFRIR A OTRA PERSONA

Quiero decir algo acerca de los recuerdos de la infancia en los que el propio niño ha podido hacer sufrir un traumatismo a una persona de su entorno (niño o adulto). El desconcierto en el que se sumerge el niño incriminado le expone a reminiscencias mucho más dolorosas que la "falta". Y el accidente será vivido de manera más dramática si los padres, hermanos y hermanas no dejan pasar la ocasión de señalarle con un dedo perversamente acusador.

Personalmente nunca he tenido que tratar en consulta un caso así, de un niño que hubiera hecho sufrir un traumatismo a otra persona. Por el contrario, recuerdo a un joven que me contó una historia bastante extraña que le sucedió hacia los ocho años. Un día que montaba en bicicleta se detuvo en un puentecito situado a un centenar de metros de su casa para tirar algunas piedras al agua que discurría por debajo. Se aproximó otro chico de la misma edad (probablemente el hijo de un campista del cámping que había cerca) y, sin decir palabra, empezó él también a tirar piedras al agua. De repente, el chaval se le acercó y arrinconándole contra el murete, le

empujó violentamente para tirarle al agua. Por fortuna, el río
era un poco más profundo en ese tramo, de manera que la caída se vio amortiguada por el agua. Llevado por una corriente
suave, el niño se había, claro está, debatido y puesto a gritar
de miedo. Su padre acudió de inmediato y le sacó de allí.
Mientras tanto, el otro chico había desaparecido. Este hombre era incapaz de decirme qué había pasado a continuación.
No le parecía que su padre hubiese ido a hablar con los padres
del otro, ni que se hubiese tomado ninguna medida contra él.
La historia acaba aquí. ¿Qué pasó por la cabeza de aquel chico? ¿Era un simple? ¿Por qué empujó al otro? ¿Calculó el
peligro que le iba a hacer correr? No lo sabremos nunca. Pero
sea como que fuere, podemos intentar extrapolar y preguntar-
nos qué hubiera pasado si el niño hubiera acabado gravemen-
te herido; si, por desgracia, hubiera caído de espaldas o de
cabeza, quedando paralizado, o si la caída hubiera sido mor-
tal. ¿Cómo habría integrado eso el otro niño? ¿Qué sería de
su vida después de eso? ¿Qué secuelas hubiera mantenido?

Cualquier travesura infantil, cualquier acto irreflexivo
puede transformarse en tragedia. Todos hemos rozado la catástrofe o hecho que la rozase a otro niño forzando nuestros
juegos o peleas más de lo razonable. Tal niño juega con tal
otro al juego de "a que no eres capaz", y mira por dónde, este
último, para no quedar como un gallina, correrá un riesgo tan
inútil como absurdo. Otro, para imponerse a su amigo, saca
el arma que su padre ha mantenido guardada cuidadosamente, se dispara y ya tenemos al otro niño con una bala en el pecho. Los ejemplos son innumerables; en sus juegos los niños
rozan el drama, escapando por los pelos. En otras ocasiones,
la suerte no está de su parte; el resultado es una familia de
luto, llena de dolor.

Pero ¿y el otro niño, el *responsable*, el *agresor*, el *culpable*? ¿Quién se preocupa por él, de su estado psicológico,

de su estrés, de su traumatismo? Nuestra sociedad, tan humanista ella, no está preparada para ello; su indulgencia tiene límites. ¿Que es culpable? Pues que se las apañe. Que dé las gracias por haber salido tan bien parado de todo. Tal es el mensaje que, en silencio, le transmitirá la sociedad. Si tiene unos padres atentos y cariñosos, un profesor benevolente, velarán por él y tratarán de explicarle lo sucedido. Entrará en juego la solidaridad familiar y educativa. ¿Pero cuántas familias reaccionan así? La experiencia demuestra que, en la inmensa mayoría de los casos, a los niños culpables se les deja que se las apañen por sí mismos. La comunidad sólo se ocupará de ellos cuando se conviertan, eventualmente, en un problema para la sociedad (anomalía infantil, delincuencia), y lo hará a través de los servicios sociales, médico-sociales o psicopedagógicos.

Aquí tenemos un verdadero problema que no debería tratarse únicamente desde el ángulo de la responsabilidad. Los niños "culpables" también corren un peligro psicológico.

El recuerdo, los abusos sexuales, el incesto

En mi consulta tengo muchos libros. Son mis herramientas de trabajo; y, al mismo tiempo, desempeñan el papel de mentores en la medida en que me impiden caer en la comodidad del pensamiento único o de la ortodoxia psicoanalítica (san Freud, santa Arendt, san Adler, santa Dolto, san Jung, etcétera). «Ninguna doctrina convierte a las demás en superfluas», se complacía en repetir mi psicoterapeuta, Josef Rattner, director del Instituto de Psicología Analítica de Berlín.

Entre esos libros hay uno que hace años que he puesto a la vista de todos: es el de Susan Forward, *Padres que odian*.[3]

Ese libro constituye un símbolo para todas las personas que han sufrido traumatismos familiares. Constatar su presencia es casi un alivio para quienes acuden por primera vez a mi consulta. ¡Ah! –parecen decirme–, conoce ese libro... ¡Entonces ya sabe! Ya sabe que eso existe, sabe que he padecido violencias físicas, morales, psicológicas o sexuales, en pocas palabras, que sabe que he tenido que padecer cosas graves, así que no hay necesidad de largos discursos ni de preámbulos, ¡usted ya comprende!

Susan Forward se pronuncia claramente por el recurso a la psicoterapia para solucionar problemas de recurrencia psicológica vinculados a traumatismos infantiles. Al final de la obra, el capítulo que trata de la cuestión particular del incesto («Curar la herida del incesto»), empieza con las palabras: «Es imperativa la ayuda de un profesional para aquellos adultos que hayan sido víctimas de abusos sexuales en el transcurso de su infancia. Según mi experiencia, el incesto, a pesar de la profundidad de los daños que entraña es, de todos los abusos, el que la psicoterapia cura de manera más palmaria y completa».

De hecho, aunque es cierto que la represión puede permitir a una persona vivir casi de manera normal durante lapsos de tiempo bastante largos, no tiene carácter definitivo. Sobre todo en los casos de incesto, los recuerdos dolorosos pueden resurgir en el momento en que menos se espera.

Laurence, una mujer de cuarenta años, que fue sometida a abusos por parte de su padre durante varios años a lo largo de la infancia, me confió: «No se puede vivir toda la vida con lo que te ha hecho tu padre. Hay que salir de esa historia pues ya no hay historia». Laurence tiene razón, ya no hay historia, pero el recuerdo emocional permanece y se manifiesta de manera imprevista, haciéndola retroceder una y otra vez.

Entre las herramientas de comprensión e intervención que propone Susan Forward hay una técnica especialmente eficaz que yo mismo he utilizado en la consulta para varios casos de traumatismos relacionados tanto con la infancia como con un pasado reciente. Es la técnica de escribir una carta al agresor. Pidiendo a la persona que escriba en una hoja de papel cosas dolorosas que reprocha a su agresor, pone una primera distancia física entre ella y lo que ha vivido. Objetiviza el traumatismo emocional, le da una forma, se hace físicamente consistente. Se facilita así el paso al trabajo de duelo. ¿Recuerda las palabras empleadas por Marie-Thérèse (véase la segunda parte, en el capítulo 3: «Recuerdos reencontrados»)?: «He comprendido que hay que sacrificar el propio dolor, aceptar separarse de él, aceptar dárselo al otro, al psicólogo que tienes enfrente, para un día poder dejarlo definitivamente en su consulta». Es cierto que existen otras posibilidades, pero pienso que dejar ese tipo de carta en la consulta de un psicoterapeuta es, en sí mismo, un acto de separación simbólica muy potente.

Susan Forward aconseja desarrollar esa carta en cuatro partes:

• Esto es lo que me has hecho.
• Esto es lo que sentí entonces.
• Este es el efecto que ha provocado en mi vida.
• Esto es lo que espero de ti ahora.

En mis consultas y una vez escrita la carta, pregunto a la persona qué quiere hacer con ella. Si desea compartir conmigo el contenido, la leeré (en silencio). Si quiere llevársela, se la llevará; si quiere tirarla simbólicamente en algún sitio (por el retrete, por ejemplo), también podrá hacerlo. Si desea que la carta se quede allí, la meteré en un sobre y la cerraré con cinta adhesiva; escribiré su nombre y la fecha con lápiz en el sobre y la conservaré metida en mi escritorio. Siempre le digo a la persona, claro está, que su carta le pertenece y que podrá regresar a buscarla cuando quiera, si tal es su deseo. Esa manera de hacer proporciona un "santuario" donde pueden enterrarse las vivencias dolorosas y otros traumatismos. Al mismo tiempo permite a la persona tomarse cierta distancia respecto a la psicoterapia y al psicoterapeuta.[4]

NUESTRO CEREBRO ADMINISTRA LA INTENSIDAD DE NUESTROS RECUERDOS

Obviamente, si un recuerdo se queda en nuestra memoria es que hay un suceso o circunstancia subyacente que ha dejado una impresión más o menos intensa en nosotros. De todos modos, basta con preguntarse acerca de algunos recuerdos del pasado lejano para constatar si la huella afectiva y emocional, tan intensa al principio, se ha ido atenuando a lo largo del tiempo, o incluso desaparecido. También los recuerdos que deberían ser especialmente dolorosos parecen perder su fuerza. Si yo rememoro los recuerdos del internado, por ejemplo, me vendrán a la memoria imágenes o anécdotas sobre el comportamiento arbitrario de los supervisores, la mala comida que nos obligaban a consumir, o la crueldad de ciertos profesores, pero la intensidad emocional que les acompañó en aquella época se halla extrañamente ausente o en todo caso muy atenuada. Puede considerar, claro está, que esta *anestesia* es un asunto personal mío y decir que otra persona habría conservado un recuerdo emocional muy vivo y preciso de la situación que estoy minimizando, y tendría usted razón, pues en este caso se trata de percepciones eminentemente personales y subjetivas.

Ahora bien, se sabe que el ser humano tiende a esconder recuerdos penosos durante largos y difíciles períodos, y que lo que intenta es recordar los buenos. Es probable que nuestro cerebro realice una selección para que no suframos demasiado. Si recordásemos de una manera, desde el punto de vista emocional, precisa todas las decepciones, miserias, traiciones, sufrimientos, injusticias, abandonos y traumatismos soportados, probablemente perderíamos la cabeza. Por esa razón, nuestro cuerpo somatiza a través de migrañas, de dolores de cuello y musculares, de dolor de vientre y menstruaciones dolorosas. Nos evita que una tensión o conjunto de tensiones emocionales o de dolores se tornen demasiado dolorosos y nos avisa de que deberíamos prestarles atención. El psiquiatra infantil Marcel Rufo lo explica muy bien: «El síntoma –dice– nunca aparece por casualidad, siempre va enganchado a un suceso psíquico interno o a un suceso traumático externo... El psiquismo apacigua su ansiedad creando un síntoma, un poco como el delirante se hunde en el delirio que le protege de un mundo que, para él, se desmorona».[5] Precisamente para que nuestro mundo no se desmorone es por lo que el cerebro administra las emociones muy intensas vinculadas con nuestras vivencias y al recuerdo resultante.

La mayor parte del tiempo funciona, pero no siempre. Un conjunto de circunstancias difíciles o demasiado repetitivas puede fragilizar a la persona y tocar un punto muy sensible de su mundo emocional: es como si se hubiese alcanzado su esfera de protección personal. Si no se hace nada por remediarlo, durante toda su vida mantendrá el recuerdo del traumatismo vivido y del choque emocional que lo acompañó y que sigue acompañándola ahora.

Es como si se hubiese asistido a un incendio. Por una parte, las imágenes del fuego que lo asola todo quedan impresas en nosotros; por otra parte, la intensa emoción producida por el miedo se engrama en nuestra configuración psíquica.

Se trata de dos experiencias distintas, o si lo prefiere, de dos niveles de traumatismo distintos. Cuando más tarde suceda un incendio, nuestro cerebro no irá (al menos en principio) a buscar las imágenes del desarrollo preciso del drama vivido, sino que elegirá la imagen más apropiada para sintetizar la emoción sentida. Siempre es posible superar un choque doloroso; el problema radica en la persistencia de su representación. O, por decirlo a la manera de Tim Guénard:[6] «Un golpe hace daño, pero el traumatismo lo causa la representación del golpe».

El hecho de verbalizar las cosas que se han traumatizado permite a la persona desapegarse y hacer el duelo. A veces, hay que admitirlo, ese trabajo de duelo no podrá efectuarse, al menos en su totalidad. No obstante, como lo expresó un día Françoise, una joven que vino a la consulta por un problema de incesto: «Al menos se puede conseguir que el dolor sufrido pueda mutar hacia el estado de experiencia vivida». La huella permanecerá, la cicatriz también, pero dejará de doler.

EL INCONSCIENTE NO CONOCE LAS PRIMICIAS

A veces, la vida hace que los recuerdos emerjan en nuestra consciencia de manera inesperada y desconcertante. El hecho de que su mejor amiga le anuncie que espera un hijo (un suceso feliz que le llena de felicidad), puede crear en usted las condiciones de recurrencia de recuerdos muy penosos de su primera infancia. ¿Qué caminos ha tomado la emoción para provocar esa reminiscencia? Sigue siendo un misterio (que tal vez la ciencia ayude a dilucidar pronto). Por el contrario, lo que podríamos pensar que son primicias o informaciones importantes de nuestra vida (gran violencia, gran sufrimiento, terrible situación vital, etcétera), no será forzo-samente considerado y tratado como tal por nuestro incons-ciente. Lo cual a veces hace que las personas que viven en esas situaciones se pregunten si no serán monstruos indife-rentes o si no habrá algo desajustado en ellas. En la consulta siempre me esfuerzo en asegurar a esas personas el carácter normal, incluso "sano", de ese ajuste por parte de su incons-ciente. Si sus primeros recuerdos no son los que consideran que deberían ser, es precisamente porque su inconsciente ha hecho bien su trabajo. Eso es lo que puede encontrarse en los niños que los psicólogos estadounidenses han llamado *the in-breakable children*, los niños irrompibles.[7] Todos conocemos los trabajos de Boris Cyrulnik, y el concepto de resiliencia ha pasado prácticamente a formar parte del lenguaje común. Para él,[8] la resiliencia constituye un proceso natural en el que eso que somos debe, en un momento dado, entretejerse obli-gatoriamente con nuestro entorno ecológico, afectivo y ver-bal. Si un entorno falla, todo se viene abajo. Pero basta con que se ofrezca un único punto de apoyo (por ejemplo, la ayu-da de un "tutor") y la construcción continuará. No obstante, precisa: «No se podrá hablar de resiliencia más que mucho tiempo después, cuando el adulto finalmente renovado reco-nozca el fracaso de su infancia».

A veces hace falta mucho tiempo para que una persona deje emerger espontáneamente en ella recuerdos de su pri-mera infancia portadores de traumatismos violentos. No es algo que se deba a su mala voluntad ni a una especie de re-chazo consciente, sino al hecho que su inconsciente tiene, ya sea mediante un trabajo de represión salvador (en ocasiones, cuando se tiene miedo, el mejor remedio es olvidar), o por-que la persona hace tiempo que finalizó el duelo.

Este trabajo de duelo no pasa obligatoriamente por la con-sulta de un psicoterapeuta, sino que también puede efectuarse gracias al encuentro de un ser maravilloso con el que el pasado malsano va a dejar paso a un futuro prometedor. Así lo afirma Tim Guénard: «Cuando Martine [su esposa] me pregunta por qué, a veces, actúo de manera extraña, en ese momento no puedo contestar porque no lo sé. Cuando regresa la calma, rememoro una de mis heridas ocultas. El decirla en voz alta aplica bálsamo sobre la llaga y me permite hacerlo mejor la siguiente ocasión».

LOS RECUERDOS QUE NOS ACOSAN

Se puede disfrutar de un respiro durante varios años y de repente sufrir el asalto de recuerdos que se creían metidos en la caja fuerte del olvido. A este respecto, en un sitio de Internet[9] he leído un diálogo entre dos mujeres, que presiento bastante jóvenes, en la treintena probablemente, y que me ha sacudido. Me permito retranscribir el corto intercambio realizado entre ellas. La primera escribió:

«Buenos días a todos. Desde hace una semana hay recuerdos de mi infancia, recuerdos que había ocultado desde hacía diez años, que han resurgido y no me sueltan, y que me gustaría poder hundir en el fondo de mi memoria pero que al no poder hacerlo, voy perdiendo poco a poco mi alegría de vivir. ¿Alguien ha vivido un fenómeno parecido? ¿Cómo se pueden manejar esos recuerdos venenosos?».

Responde la segunda:

«A veces también me pasa a mí. Creo que es difícil luchar contra ellos y que tal vez hay que dejarlos llegar, hacerles frente para poder darles la vuelta y poder volver a meterlos en el armario. Si aparecen es que debe existir una razón. ¿Tal vez sea el momento de hablar de verdad para poder olvidarlos? Supongo que no son recuerdos agradables, ¿no?

»Tal vez deberías hablar con quienes están en el origen de la situación, de ser posible. De no ser así, lo mejor es activarse cuando llegan. Actuar, hablar... pero a menudo llegan de la mano de las angustias, cuando se está a solas por la noche y se querría poder olvidar lo que hace demasiado daño. Yo todavía no he hallado la solución y me cuesta hablar de ello. Con el tiempo se aprende a manejarlo, sobre todo con alguien a quien se quiere y que nos quiere. Ánimo».

Más allá del dolor expresado en este intercambio, lo que me llama la atención es el carácter eminentemente humano y sensato de los consejos dados por la interlocutora que responde. «Si aparecen es que debe existir una razón», dice. Así es. Un recuerdo nunca aparece en nuestra memoria sin razón. La dificultad radica en el hecho de que cualquier asociación de ideas es susceptible de conducirnos a un recuerdo, sin ni siquiera darnos cuenta. «Tal vez sea el momento de hablar de verdad para poder olvidarlos.» En efecto, el principal problema en ese tipo de traumatismos es que no puede encontrarse (salvo excepciones, y aparte de un psicoterapeuta) un *verdadero* interlocutor con quien hablar. Los padres suelen estar fuera de juego y no quieren saberlo, los amigos se sienten superados por la amplitud del problema, el compañero o la compañera no suele ser el interlocutor más adecuado, pues se teme autodescalificarse frente al otro al confiarle esas heridas, es decir, se corre el riesgo de que nos lo devuelva a la primera ocasión en que se disputa. «Tal vez deberías hablar con quienes están en el origen de la situación.» Sí, eso sería importante. No obstante, la persona traumatizada tiende a pensar que no serviría de nada, en la medida en que los padres o las personas incriminadas no reconocerán jamás lo que hicieron, tratándola de enferma o de loca y poniéndola contra las cuerdas. Si la persona culpable no reconoce su falta, me parece capital que la persona traumatizada pueda deshacerse de ese *paquete* que no le pertenece. Devolverle a la otra persona, a través de la palabra, lo que nos ha hecho pasar, tanto si lo acepta como si no, ya es, de alguna manera, deshacerse uno mismo del problema, desapegarse, *des-ampararse*. En el plano simbólico, tiene relación con el proceso de las cartas que las personas eligen depositar en mi consulta. «Con el tiempo, se aprende a manejarlo, sobre todo con alguien a quien se quiere y que nos quiere», concluye. Me abstengo de todo comentario. Gracias a esa Señora (con mayúscula) por su hermosa carta…

¿Cabeza de "traumatizado"?

Todos tenemos historias ocultas. Tras el civismo y la cortesía, tras su traje y corbata impecable y su blusa-falda-zapatos-bolso perfectamente combinados, detrás de carreras profesionales que pueden hacer soñar, los hombres y mujeres con quienes tratamos a diario llevan, enganchados al corazón, recuerdos de la infancia tan frágiles como el cristal. Uno ha vivido toda su infancia con un padre maltratador o una madre perversa, el otro ha debido, de pequeñín, enfrentarse al mundo carcelario porque su madre cometió un delito grave, el otro sigue siendo hijo de emigrantes clandestinos que han vivido en las peores condiciones de ilegalidad. Y no obstante, no hay nada visible, exteriormente, que pudiera desencadenar nuestra conmiseración. Hay que desconfiar de las impresiones precipitadas o desfavorables que puedan tenerse sobre las personas. A veces se conoce a gente por la que no se siente gran cosa, que no parecen muy agradables, a las que se considera directamente "chungas". Tal comerciante, tal profesor de uno de nuestros hijos, tal amiga de amigos, etcétera. Y como no se les escucha, permanecemos en nosotros mismos, distantes, ausentes o indiferentes. Ahora bien, como demuestra la experiencia, nunca se sabe qué desiertos atraviesan los demás. ¿Y cómo saberlo? Habría que contar con un piloto luminoso permanentemente encendido, en caso de que alguien tuviese necesidad de un poco de cordialidad. Un poco como ha hecho esa *Señora*, tomándose la molestia de contestar en Internet a su interlocutora, que sufría esa reactivación de malos recuerdos.

LA NEGACIÓN Y EL SECRETO ACOMPAÑANTES: CUANDO LA HISTORIA SE NIEGA SE ESTÁ NEGANDO A LA PERSONA

Tanto si quiere como si no, la persona violentada o traumatizada continuará vehiculando en ella misma la onda de choque de la que la ha impregnado el traumatismo. Eso se explica por el hecho de que un traumatismo no es solamente un mal o un dolor infligidos a una persona, sino también poner en tela de juicio su propia existencia. Por ejemplo, un joven que fue atropellado por un coche que no respetó la prioridad me contó que a medida que el coche se le iba acercando, él se decía: «No es posible. No, no lo es. No va a querer destruirme, digo yo». Ahora bien, en cuestión de traumatismos parece que por parte del culpable prevalece lo de que cada uno se las componga. Este mismo joven accidentado me contó que nunca volvió a ver al conductor. Aunque escapó por los pelos a una amputación de la pierna, y que estuvo internado en el hospital mucho tiempo, el culpable nunca se acercó a visitarle. No sólo tenía este joven la sensación de ser castigado sin haber hecho nada, sino que se sentía descuidado, ignorado y abandonado por quien le había provocado la desgracia. Mientras esta persona no realice un trabajo de rehabilitación, no podrá recuperar su sentimiento de existencia. Es como si el inconsciente tuviese necesidad de que se reconozca el mal para que la vida pueda continuar.

La tendencia general es querer olvidar las consecuencias del traumatismo. El agresor quiere "olvidar" lo más rápidamente posible su culpabilidad, la víctima intenta borrar el recuerdo doloroso para volver a poner pie en la vida lo antes posible, y el entorno de la víctima nunca sabe cómo llevar esa situación, que se vive como algo embarazoso a causa de la luz *demasiado viva* que proyecta alrededor. Tras el choque, cuando la víctima se siente lista para afrontar la realidad de su traumatismo, suele verse enfrentada a los muros de silencio que durante su "sueño" habrá levantado la familia. La vida cotidiana habrá vuelto a la normalidad y todas las tentativas emprendidas por la víctima por situar la cuestión en el centro del debate serán socavadas de entrada, bien de manera pseudo-comprensiva («Intenta olvidarlo, será mejor para ti»), o desviando la cuestión, haciendo «como si no pasase nada». Un silencio así puede acarrear consecuencias para la persona. Como he escrito recientemente,[10] sea cual fuere el momento al que se remonte el suceso, es importante para la persona víctima de incesto o de un acto de pedofilia, que pueda verbalizar su vivencia del traumatismo y que exprese lo que todavía lleva encima (impresión, disgusto, asco, desconcierto, incomprensión, odio, sentimiento de injusticia, de fracaso…). Aunque es cierto que más vale tratar un traumatismo de incesto o de pedofilia lo antes posible (en nuestra jerga lo llamamos «*debriefing* psicológico»), nunca es demasiado tarde para hacerlo. Incluso varias decenas de años más tarde, un trabajo de despeje de lo sentido y de reconocimiento de las emociones puede demostrar ser muy útil y aliviar enormemente a la víctima.

En lo relativo a los familiares, no deben intentar minimizar lo sucedido diciendo: no es tan grave, no vas a convertirlo en un drama, sigues viva y te recuperarás... Tampoco hay que intentar ponerse en lugar del niño, porque no es el caso. Simplemente, lo más conveniente es acoger la expresión verbal que se nos confía («Debe ser muy difícil para ti hablar de lo que te pasó; te felicito por tu valentía»), sin tratar de pasarse.

Nunca se insistirá lo suficiente en la soledad extrema en la que se debaten las personas víctimas de actos de agresión sexual. Por fortuna, las mentalidades cambian. Los muros de silencio se resquebrajan. Los padres están orgullosos de defender con uñas y dientes al niño puesto en peligro. El sentido del honor también evoluciona. Y mejor que sea así.

EL RECUERDO DEL TRAUMATISMO
Y EL PROCESO PSICOTERAPÉUTICO

Uno de los autores que más ha trabajado con la cuestión de la violencia cometida sobre niños y los traumatismos resultantes ha sido la psicóloga suiza Alice Miller.[11] Se expresa en términos muy favorables sobre la psicoterapia de inspiración analítica que engloba la infancia. «La terapia debe permitir al paciente verbalizar sus sufrimientos precoces. No avanzaremos mucho si queremos huir de la verdad enterrada en nosotros. Nos acompañará siempre, aunque huyamos de ella, nos infligirá sufrimientos, nos empujará a cometer actos que lamentaremos, incrementará nuestro desconcierto y debilitará nuestra autoconfianza. Pero si nos enfrentamos a ella, tendremos la oportunidad de descubrir finalmente lo que sucedió, lo que nos ha marcado y lo que ha convertido nuestra vida en un desierto afectivo.»[12] Coincidiendo con los trabajos de investigadores muy reputados que han trabajado en la cuestión, insiste en las deficiencias cerebrales que pudieran entrañar carencias muy precoces de comunicación con la persona de referencia. «Si al bebé se le pega o es víctima de otros malos tratos –explica–, se le provocarán lesiones, pues el estado de estrés resulta en la destrucción de neuronas de nueva formación y de sus conexiones.»

Frente a este estado de cosas lanza la hipótesis según la cual puede existir una "colaboración" entre los sistemas cognitivo y afectivo y que se puede tender un puente entre ambos. «Sé por experiencia –dice– que es posible [establecer una comunicación entre ambos sistemas] en las terapias donde los sucesos traumáticos y las emociones de la infancia se tratan expresamente, pues los bloqueos del pensamiento quedarán debilitados. Una vez que se logra el resultado, las zonas del cerebro hasta entonces inutilizadas –sin duda por miedo a despertar dolores susceptibles de recordar antiguos malos tratos negados– pueden activarse.»[13]

Las heridas del pasado engramadas en nuestro cerebro durante mucho tiempo no se evaporan por milagro. En psicoterapia, no se trata de acosar a la persona regresando sin cesar a los traumatismos padecidos en su primera infancia. Se trata simplemente de permitirle no seguir huyendo ante la realidad, tomarse en serio lo que ha vivido y analizar los vínculos que hoy en día todavía pudieran existir con el pasado, de manera que pueda liberarse.

El recuerdo del traumatismo es paradójico. Por una parte, tiene necesidad de hacer *olvidar* para atenuar los sufrimientos sentidos y para redirigir la existencia de la persona hacia modalidades de vida aceptables e incluso normales; por otra, tiene necesidad de hacerse *recordar*, pues el traumatismo soportado formará parte –en adelante– de la estructura psíquica de la persona. Pasará a formar parte de ella.

Algunos sufrimientos o aflicciones personales han sido tal vez tan intensos que necesitarían, a semejanza de las colectividades que poseen sus monumentos a los caídos, un monumento al recuerdo. ¡Pero no existe! Y los individuos aislados deben construir ese mausoleo en el fondo del corazón.

Es difícil hablar de situaciones de traumatismo y de personas que han sido víctimas de ellas. Quienes han vivido estados de estrés o de choque terribles no aprecian obligatoriamente la conmiseración que les dedica la gente *normal*, es decir, los no traumatizados. Se trata de acoger la expresión verbal y de escucharla, no de apiadarse o afectarse. Sobre todo porque traumatizados lo estamos todos. Este traumatismo, como ha mostrado Otto Rank,[14] tiene su origen en nuestro nacimiento. Todos estamos traumatizados en potencia, lo hayamos sido nosotros mismos, se lo hayamos provocado a otros, o hayamos sido testigos de ello. Hemos de vivir con ese sufrimiento.

Retornar a un pasado doloroso siempre es un acto delicado. Es necesario que el bálsamo que se espera esté a la altura de las promesas que asegura tener.

11. RECUERDO Y CULPABILIDAD

«Pero si podemos interpretar su infancia, su juventud y su historia, de manera que obtengamos alguna pista suficientemente concreta (y prometedora), dejará de vivir su pasado como una carga insoportable, para considerarlo como un punto de partida hacia un destino más sensato.»

JOSEF RATTNER
Die Kunst, eine Lebengeschichte zu lesen

NO HACE FALTA MUCHO PARA DESEQUILIBRAR EL DESTINO DE UN SER

A menudo se habla de los actos de agresión o de violencia cometidos por los adultos, pero se habla menos de los *cometidos* por los niños. Se debe, imagino, a un cierto tabú. De los niños se quiere tener una imagen de querubines inocentes, y no de hombrecitos posiblemente indiferentes, malévolos o violentos. Al escribir mi primera frase he dudado al elegir la palabra *cometidos*. Ese término me parecía demasiado fuerte hablando de niños. Aquí no se trata, ya lo sabe, de hacer una amalgama entre niños y adultos, ni de acusar a los niños de violencia gratuita, tiranía o barbarie. Pero los niños que viven en un mundo de adultos, que son testigos de los comportamientos de los adultos, pueden verse tentados a adoptar actitudes calcadas de las de estos, de la misma manera que están –por los mismos motivos– expuestos como los adultos a las vicisitudes de la vida, a los riesgos del destino.

Todos hemos sido niños, y todos hemos atravesado circunstancias donde ha faltado bien poco para que el destino se desequilibrase. Y si bien el querubín siempre está dispuesto a conmover nuestro corazón, la pequeña bestia salvaje indomable, incorregible, tampoco está muy lejos. Sí claro, en el fondo no existe ninguna bestia salvaje; ¡sí, es una apreciación de los mayores! Los niños rara vez juzgan a otros niños; se trata más bien de una prerrogativa de los adultos. Ellos son los que fabrican las etiquetas (una simple mirada sobre las opiniones de los profesores en los boletines escolares basta para hacernos una idea bastante clara).

EN LA INFANCIA NO TODO ES DE COLOR DE ROSA

Todos nosotros tenemos nuestras historias infantiles ocultas de las que no nos sentimos precisamente muy orgullosos. Los golpes bajos, las traiciones, las venganzas, las pequeñas villanías infantiles, las transgresiones, no siempre saben a miel, y cuando se deja atrás al niño, es como si se abandonase la dichosa ingravidez que confiere la inocencia para recorrer el caótico camino de la vida. Hermann Hesse lo describió a la perfección al principio de su novela *Demian*. Emil Sinclair es un niño que se debate entre dos mundos. El mundo propio, correcto y luminoso de sus padres y el mundo oscuro y tenebroso cuya existencia presiente en las palabras del servicio y en las discusiones entre los niños de la escuela pública. En el transcurso de una de sus escapadas conoce a Frantz Kromer, el hijo del sastre, un chico "robusto y brutal", cuyas maneras de hombre, a pesar de sus trece años, le impresionan. Para no quedarse atrás respecto a sus compañeros, Emil Sinclair se liará en una serie de mentiras que Frantz Kromer utilizará para someterle a chantaje. A partir de entonces, la vida de Emil Sinclair se va a pique. El talento de Hermann Hesse describe este paso del estado de inocencia querubínica al del niño que se cree definitivamente perdido. «La casa paterna ya no me pertenece. Forma parte del mundo luminoso, del mundo de mis padres. Yo, que me he extraviado en el mundo extraño, atraído por el gusto de la aventura, me he hundido profundamente en el pecado. [...] Los peligros, la angustia y la vergüenza me acechan. [...] Arrastro el fango en mis zapatos, un fango que no he podido hacer desaparecer restregándolos contra el felpudo...»[1]

La mentira de Emil Sinclair no tenía nada de malo. Se trataba del pretendido robo de manzanas en un huerto, una historia para impresionar a los otros niños. Pero el engranaje de justificaciones complejas en el que se lió tejió una imagen de él como de un niño impuro, con la que a partir de entonces debía acostumbrarse a vivir.

Los malos recuerdos de la infancia siempre tienen algún lado irremediable y las historias del paraíso, el infierno, el purgatorio y el pecado están ahí para mostrarnos que podemos equivocarnos a cada paso.

La "lógica de la culpabilidad"
en nuestra cultura

La culpabilidad cuenta con una larga historia en nuestras sociedades occidentales. Caín y Abel, Adán y Eva, la muerte de Cristo para redimir nuestros pecados, los Diez Mandamientos... son algunos de los puntales mediante los que la culpabilidad ha adquirido derecho de ciudadanía en nuestros corazones. Nuestra sociedad, apoyada en los sistemas educativos y la autoridad parental, nos ha preparado largamente de cara a la cultura de la culpabilidad, y sobre todo para la de la autoculpabilidad. Culpabilidad ante Dios, ante nuestros padres, ante los demás. Cada uno debe buscar en sí mismo dónde falla, dónde ha fallado. Transgresiones, mentiras, infracciones, oportunismo y dominación se consideran defectos graves en términos de educación o como pecados por la religión, mientras que, al mismo tiempo, los adultos los consideran en ellos mismos como simples faltas, por no decir cualidades.

Así, el amalgamar 1) el discurso social («Nadie puede ignorar la ley»), 2) el discurso religioso («Debes arrepentirte, hacer acto de contrición») y 3) el discurso parental («Es por tu bien», «es culpa tuya», «no tenías por qué»), da como resultado una *lógica de la culpabilidad* tal que el niño siempre se siente culpable de alguna cosa, aunque no haya hecho nada (que viene el guardia). No hace falta mucho más para que se ponga en marcha la maquinaria de la "autoculpabilización", como la llama Kundera. Una vez adulto, conservará ese reflejo.

Pero no resulta nada agradable sentir el peso de la culpabilidad. Una manera de aligerarlo es recurrir a un mecanismo inconsciente para sustraerse a él. Por ejemplo, ir a buscar exteriormente, en todo tipo de creencias y supersticiones, buenas razones para justificar el propio infortunio. Reflexiones tipo «me lo merecía», «hay algo que debo pagar», «es mi *karma*» y «es algo que me devuelven» son moneda corriente y deben interpretarse, esencialmente, como elementos proyectivos de la culpabilidad. Lo corrobora la psicóloga Carole Damiani en un artículo titulado «Ocuparse de personas traumatizadas»: «Sólo de manera progresiva –explica– podrá el sujeto dar un sentido al suceso que ha vivido. Esta construcción de sentido se efectuará mediante la elaboración de la culpabilidad que se origina en la historia individual. El dolor puede ser interpretado por el sujeto como una injusticia fundamental, o bien al contrario, como un justo castigo por una falta real o imaginaria».[2]

Lo que parece ser más importante en los actos delictivos a los que nos exponemos de niños es el remordimiento de conciencia que guardamos. Una mujer me contó recientemente que, de niño, su hermano había incendiado el gallinero abandonado al fondo del huerto, y que su padre, al acudir en mangas de camisa y descalzo para sofocar el fuego, se había clavado un clavo oxidado en el pie. El incidente no había tenido consecuencias, y supongo que su hermano debió ganarse una "bronca" fenomenal. Pero si este incidente se hubiera transformado en un drama, ¿cuáles hubieran sido las consecuencias para el chico? ¿Y si, por ejemplo, su padre no se hubiera ocupado de la herida y hubiese acabado muriendo de tétanos? Se puede pensar objetivamente que no era culpa del niño si su padre salió descalzo. Tampoco había sido él quien se había dejado el clavo oxidado por el suelo. Pero, a pesar de todo, podemos imaginar el sentimiento de culpabilidad al que estaría expuesto ese crío.

Los niños hacen a menudo actos irreflexivos que, vistos desde un cierto ángulo, sólo tienen una importancia mínima, pero que, desde otro, pueden convertirse, como hemos visto en el caso de Emil Sinclair, en una pesadilla. Todo dependerá del contexto, del carácter del acto en sí y, sobre todo, de cómo se considere.

Entre los actos irreflexivos de los niños que los adultos pueden calificar de represibles, están los que giran alrededor del "sexo". Jugar a los médicos es un juego *normal* al que se libran millones de niños y niñas de entre tres y cinco años, pero los episodios de pedofilia descubiertos en los últimos años nos han llevado a considerarlos de otra manera, con los excesos que eso conlleva. Así pues, los psicoterapeutas ven a veces llegar a sus consultas a familias totalmente desorientadas, incluso asoladas, pues el pequeño ha querido enseñarle su "pajarito" a la vecina de enfrente (o al revés). A veces resulta difícil evaluar el grado de importancia de un acto irreflexivo realizado por un chiquillo.

BERNARD: EL PESO DE LA CULPABILIDAD

Bernard viene a consulta, pues una de sus compañeras –es bibliotecario– le ha dicho a modo de broma: «¿Eres un reprimido o qué?». Él sonrió, sin comprender lo que significaba, pero en el fondo le ha sentado como una patada en el estómago pues tiene la impresión de que, de alguna manera, es cierto. Bernard tiene la sensación de que siempre vive con un peso. Hay momentos en los que todo marcha bien y otros en los que la vida le parece muy dura. En esos casos le resulta difícil concentrarse, trabajar, estar disponible. Socialmente, dice que es un poco frío, pero que cuenta con un buen círculo de amigos y que es abierto. En el terreno sentimental, su vida no es ninguna maravilla. Ahora no tiene novia. La sexualidad no es sencilla para él, tiene problemas… El resto de la consulta marcha bien, le explico lo que es una psicoterapia, lo que puede esperar, etcétera. Pide cita para la semana siguiente.

A la semana siguiente regresa a la consulta y me dice, de entrada: «Ya sé de dónde viene mi problema, pero me resulta muy difícil hablar de ello». Le digo que si le resulta muy difícil no está obligado a hablar de ello, que puede dejar pasar un tiempo antes de abordar el tema. Esa libertad le da el valor necesario para abrirse conmigo: «Hace veintidós años tuve contactos sexuales con mis dos hermanas. En aquella época,

yo tenía diez años, pero no dejo de pensar en ello desde entonces. Para mi hermana mayor, los provocó ella. Estábamos de vacaciones, acostados en literas, y me dijo en la oscuridad: "¿Quieres tocarme el sexo? Espera a que me duerma"».
Bernard fue a su cama e hizo lo que ella le dijo. En otra ocasión, su hermana le pidió a un amiguito que la acompañase a la habitación. Durante ese tiempo, Bernard se quedó con su hermana pequeña de ocho años, a la que le enseñó los genitales. Su hermana pequeña no parece que se traumatizara, ni siquiera lloró. No obstante, más tarde, a Bernard le resultó *muy difícil* la situación que él iniciara. Si con su hermana mayor los errores eran compartidos, dice él, con la pequeña, el responsable era únicamente él. Ante mi pregunta sobre si su hermana pequeña y él habían hablado más tarde, me contestó que no, que no podía, que le daba mucha vergüenza.

Tal y como me lo explica no veo que el incidente sea tan grave. Muchos niños participan en ese tipo de juegos entre ellos, así que le sugiero que se abra a su hermana para evacuar esa presión que le acompaña desde hace más de veinte años. Parece decidido a hacerlo, pero en la consulta siguiente me indica que la oportunidad no se ha presentado. Al mismo tiempo se da perfecta cuenta de que eso le molesta terriblemente.

Con motivo de la consulta posterior, me anuncia que finalmente se abrió a su hermana. «Durante el desplazamiento hasta donde vive me sentía un poco angustiado, estaba en un estado embriagado. Le he preguntado si eso le había hecho daño y le he pedido perdón. Hemos hablado durante una hora. Me contestó que no le había quedado ningún traumatismo en especial respecto a eso, pero que le encantaba que le hablase de ello, que ella lo había intentado sin acabar de atreverse. Fue inaudito –prosiguió él–, en su mirada percibí alegría y placer por haberme abierto a ella.» En el transcurso de esa conversación, ella le confió que siempre le había considerado un modelo y añadió que era el más bello regalo con el que ese día podía soñar una mujer (efectivamente, era el Día de la Mujer). «Es como si nos redescubriésemos, como si eso nos llevase a otra cosa –me confió–. Ahora creo que voy a poder disfrutar de la vida, ser feliz. Podré atravesar otras barreras. Por ejemplo, dirigirme a una chica y decirle: te quiero.»

Se escuchan tantas historias de abusos sexuales que acaban tan mal y son tan sórdidas que uno se queda un tanto desconcertado ante un relato así. Bernard ha llevado esa cruz durante veintidós años. Veintidós años en los que se ha sentido acosado por ese recuerdo. Verbalizar la vivencia de ese recuerdo traumático, primero con el psicoterapeuta y luego con su hermana, le ha permitido quitarse un peso terrible de encima, que le pesaba a todas horas en su vida.

En cuestión de traumatismos no hay reglas fijas. La sensibilidad de cada cual determina siempre la importancia o gravedad. Este mismo suceso vivido por otra niña, o a otra edad, o en otras circunstancias, podría haberse vivido como un verdadero traumatismo. Y de igual manera, vivido por otro niño, la situación podría haberse interpretado como un simple "juego de médicos".

¿Vivir con la falta?

Por lo general, las heridas infligidas por el niño a otro niño son menores, sin consecuencias reales. Se trata de "tonterías" que han dado un mal giro. Pero hay otras heridas, otros sufrimientos que pueden estar en el origen de sucesos traumáticos graves en los que el niño haya desempeñado un papel protagonista o no, presenciado o no, siendo responsable o no, culpable o no. Por ejemplo, ¿cómo se siente un niño que, inadvertidamente –también podría decir: *por cuya culpa*, pero sería demasiado acusatorio–, haya volcado una olla de agua hirviendo sobre el pecho de su hermanita, o que haya convertido a su hermano en inválido al hacerle caer de un árbol? ¿Qué recuerdo acompañará a ese niño a lo largo de su infancia y, luego, en su vida adulta? Nadie escapa al suplicio del remordimiento. Nuestra consciencia regresa una y otra vez, y siempre de manera obsesiva, al acto (o ausencia de él) que engendró la *falta,* y a partir de entonces hay que aprender a vivir con esa parte del pasado que se le ha enganchado definitivamente. «¿Y si no hubiera hecho esto o lo otro, qué habría pasado? ¿Y si no hubiera dicho eso o lo otro? O al contrario, ¿si sólo hubiera dicho eso o lo otro? ¿Y si hubiera llegado dos segundos antes? ¿Y si hubiera reaccionado de inmediato?» Muchas preguntas que conducen continuamente a un pasado que no se puede modificar y que, por tanto, no cesa de perseguirnos.

Por regla general, cuando sucede un accidente uno se preocupa, lo cual es normal, de la víctima. La mayoría de las veces nos ocupamos de ella, médica, afectiva e incluso psicológicamente. Y así debe ser. Pero también el autor, al que señalarán con el dedo, debería poder descansar en algún lugar sus fardos (sufrimientos psicológicos, mala conciencia, pesares, remordimientos). Sobre todo si es un niño.

EL SENTIMIENTO DE CULPABILIDAD QUE EXPERIMENTA LA VÍCTIMA

Ya hemos visto anteriormente con Bernard lo pesado que resulta cargar con lo que se considera una falta imperdonable. Pero lo que deja pasmado es cuando una persona desarrolla sentimientos de culpabilidad no siendo el agresor, sino el agredido. En un proceso así intervienen muchos factores, y los educativos, sociales y religiosos no son los de menor importancia. La moral popular considera siempre con cautela los conflictos interindividuales (entre dos personas), como si ambas partes tuviesen algo que ver. Aunque la agresión de un individuo por parte de un grupo se reconocerá como un acto traumatógeno evidente, la de un individuo por parte de otro se considerará con sospecha, como si la relación agresor-agredido pudiera considerarse como un cuerpo a cuerpo *discutible*. De manera más o menos directa acabará queriéndose saber si no ha existido *provocación*, como si esta pudiera legitimar la agresión. Así pues, incluso a las mujeres víctimas de acosos, de abusos sexuales o de violaciones se las considera con cierta prevención (también por parte de la policía), pues se sospecha algún tipo de provocación por su parte. Y los argumentos fáciles, tipo: «No debía haberse paseado con esa minifalda por la calle (o salir vestida como una puta, o maquillarse con un putón)», indican hasta qué punto la acusación pública está dispuesta a invertir los papeles y a lanzarse contra la víctima en lugar de sobre el culpable.

En el plano psicológico, el sentimiento de culpabilidad frente a un traumatismo sufrido responde a un mecanismo bien conocido. Parafraseando a Freud, diría que reside en un aporte más o menos grande de autocrítica que quiere hacer responsable al propio yo del accidente traumático. De la misma manera que se tiende a proyectar sobre los demás nuestras propias debilidades, también se tiende a proyectar, diríamos a introyectar, las debilidades de los demás sobre la propia persona. Pero la cuestión es saber por qué. El escritor Milan Kundera aporta una respuesta a la cuestión de la culpabilidad que me parece interesante. Al reflexionar sobre *Crimen y castigo*

(Dostoievski) y sobre *El proceso* (Kafka), habla, a propósito de la culpabilidad, de *una lógica invertida*.[3] Raskolnikov, explica, ha cometido un crimen. No pudiendo soportar el peso de su culpabilidad, consiente, para quedarse en paz consigo mismo, en el castigo. «Es –dice Kundera– la situación bien conocida en la que la falta busca el castigo. Lo absurdo del castigo es tan insoportable que, para hallar paz, el acusado quiere hallar una justificación a la pena: el castigo busca la falta.»

En el traumatismo asistimos, a mi entender, a esa lógica, invertida. La víctima está tan sacudida por el choque que no lo puede aceptar tal cual. Para desembarazarse de esa angustia de ser castigada sin razón, preferirá aceptar sobre ella la falta en lugar de aceptar lo absurdo de la situación. La lógica es ilógica, pero siempre se preferirá una lógica irregular que su ausencia. La película de Harold Ramis, *Una terapia peligrosa*, es una ilustración perfecta de este caso. Si esa película ha disfrutado de tanto éxito es por el lado gracioso de la situación (un mafioso deprimido, en general, no es muy común), más que por la trama de la historia que, no obstante, es preciosa y conmovedora.

El caso de Paul Vitti

Una terapia peligrosa (Analize this es su título original), la historia de un traumatismo doloroso vivido por el protagonista Paul Vitti (Robert De Niro) a los diez años y que se manifiesta al cabo de treinta y cinco años mediante síntomas (arrebatos de angustia, llantos, bloqueos, accesos de culpabilidad, hipersensibilidad…) incompatibles con el oficio de mafioso y de "padrino". Esos síntomas le llevarán a consultar con un psiquiatra, Ben Sobel (Billy Crystal), con el que desarrollará un trabajo de transferencia (y de contratransferencia). El psiquiatra le llevará, como buen mayeutista, a hacer remontar esas imágenes traumáticas para desembarazarse de ellas y curar los síntomas.

El pequeño Paul y sus padres estaban en un restaurante cuando un camarero, que el niño presintió que era un camarero falso, se acercó a la mesa y disparó a bocajarro contra su padre. Al haber tenido que afrontar la cólera de su padre anteriormente («A causa de su cólera, fui incapaz de decir nada»), se quedó pasmado y ese lapso de tiempo bastó para que el gángster apretase el gatillo. Escuche el diálogo:

–Usted se considera responsable…

–Creo, creo que habría podido salvarle.

–¿Estaba enfadado?

–Pero debería haber dicho algo.

–Eso no le habría salvado.

–Yo le maté.

–Usted no le mató, Paul. Usted estaba resentido con él, pero su padre llevaba una vida peligrosa.

–Yo le dejé morir. Ni siquiera pude decirle adiós…

Puede verse claramente cómo el niño ha interiorizado la herida vinculada con la pérdida de su padre, abatido ante sus ojos, y cómo su inconsciente ha superpuesto dos categorías de afectos. El mensaje es más o menos así: como estaba resentido con mi padre por sufrir sus ataques de cólera, soy responsable de su muerte. De manera gradual llegará incluso a decir que le dejó morir, e incluso que le mató. Viviendo una regresión al estado de niño, Paul Vitti dejará, en una verdadera elaboración psicodramática, sus emociones e identificará al psiquiatra con su padre y, llamándole "papa", volcará sobre él el raudal de sentimientos y palabras contenidas tras mantener tantos años el secreto oculto en su corazón.

–Podría intentar decírselo esa noche, Paul, podría intentarlo al menos. Si su padre estuviese ahí.

–No puedo, no puedo. Me gustaría decirle: es culpa mía, perdóname, papá. Perdóname, perdón papá, perdón. Yo le he dejado morir...

–Usted no le hubiera podido salvar, Paul.

–Sí que habría podido.

A continuación, el psiquiatra se dedicará a reconstruir la imagen narcisista de Paul Vitti, y se esforzará en hacerle sublimar la pérdida de su padre.

–Él se ha sacrificado por usted. Debe tener en cuenta eso. Él no hubiera querido que usted se sintiese culpable..

Finalmente le devolverá los medios para reconstruir un presente y futuro que tengan sentido, hablándole de su hijo.

–Y su hijo, ¿quiere que crezca como usted, sin padre?

El último mensaje que le da es de una naturaleza casi espiritual.

–Su padre está siempre aquí, Paul, está aquí, vive en usted. Y tiene un mensaje que darle.

Se trata de una película, claro está, con los arreglos, los atajos, las aceleraciones temporales que ello conlleva. Pero me parece importante subrayar, gracias a esta ficción, cómo una persona traumatizada en su infancia puede contener ese traumatismo durante años; cómo este puede de repente reactivarse por un hecho o incidente bien simple; cómo, finalmente, el recuerdo manifestado puede acabar redimiendo y convertirse en catalizador de un futuro distinto en la medida en la que es objeto de una elaboración correcta (por medio de una psicoterapia, por ejemplo).

Todos sabemos, por haberlo vivido a un nivel o a otro, que nuestra visión de la existencia y de los comportamientos que se derivan de ella evolucionan en función de lo que vamos hallando en la vida. Hemos experimentado, por lo menos en una ocasión, que la felicidad y la desgracia, el bien y el mal, tienen dos pesos diferentes y que diez sucesos positivos no alcanzan a compensar uno doloroso. Nuestras culpabilidades infantiles también recorren ese camino. La vida del niño es una sucesión de experiencias a partir de las cuales aprenderá a situarse y corregirse. Estará acompañada, claro está, de pasos en falso, de errores, de conductas insensatas, de transgresiones y acciones más o menos criticables e incluso censurables. Ahora bien, como se ha vivido tal cosa, en tales circunstancias, con tales y cuales padres, nuestra vida toma tal o cual giro. En los recuerdos traumáticos se funden toda la experiencia y las vivencias del pasado. La vida humana no está compartimentada: no se puede ser el niñito o la niñita primero, el niño adolescente a continuación y el adulto finalmente. Como ocurre en un *puzzle*, cada experiencia de la vida participa en la puesta en escena progresiva del conjunto.

Reencontrar la propia historia a través de los recuerdos de la infancia a veces hace daño, es cierto. Pero huir de ella suele hacer más daño todavía; tanto a nivel consciente como inconsciente. Si escucha a la gente, esta le dirá que más vale no revolver en el pasado, no sea que encuentre cosas *peligrosas*. Es tanto verdad como falso. Cuando se mueven los muebles, se puede encontrar polvo, pero también papeles u objetos muy preciados que se habían dado por perdidos para siempre. Recuperar la propia historia siempre es una experiencia que vale la pena.

12. LOS RECUERDOS TIENEN UNA FUNCIÓN TERAPÉUTICA

«Nuestra vida es un viaje
en invierno y a través de la noche,
buscamos nuestra entrada
en el Cielo, donde nada resplandece.»

LOUIS-FERDINAND CÉLINE
Canción de la guardia suiza
Viaje al fin de la noche

RECUERDOS, HISTORIA PERSONAL E IMAGEN DE UNO MISMO

A menos que esté inmerso en un trabajo psicoterapéutico o analítico de larga duración, el ser humano ordinario sabe bastante poco de sí mismo. Entender es difícil, pero nuestro conocimiento de nosotros mismos y la evaluación que hacemos nos vienen dados sobre todo por los demás, en mayor medida que a través de nuestra reflexión personal, lo cual hizo decir a Nietzsche: «Cada uno es el ser más distante de sí mismo». El sociólogo Michel Juffé remacha el clavo: «Sólo sabemos quiénes somos porque nos lo han dicho. Dicho y no solamente notificado o señalado mediante gestos y actitudes. Y somos lo que somos *de la manera* en que se nos ha dicho. Tal vez dependiendo más de *quién* nos lo ha dicho».[1] La mayor parte de nuestra percepción acerca de lo que somos llegará, pues, a través de nuestros padres y de los adultos de nuestro entorno, lo que de nuevo nos conduce a lo que hemos mantenido en nuestros recuerdos.

Nuestros recuerdos son la manifestación de nuestra historicidad, pero sería más justo decir, como hace Michel Juffé, que por encima de todo es *la manera* en que nuestros familiares se han relacionado con nosotros en la vida cotidiana la que habrá marcado nuestros recuerdos y los tipos de recuerdos (buenos, malos, angustiosos, crueles…) que habremos elaborado con ellos. Si, por ejemplo, una madre soltera, con problemas de alcoholismo, se desinteresó de su hijo, si le dejó a la deriva, si, por añadidura, le impidió desarrollar relaciones sociales normales con su entorno, prohibiéndole salir y realizar actividades, es muy probable que haya aprendido a replegarse en sí mismo. Sus recuerdos de la infancia llevarán la huella de ese desafecto y esa soledad. Si, tomando otro ejemplo, una mujer ha traído al mundo un hijo no deseado, este podrá convertirse, durante toda su infancia, en objeto de una desaprobación silenciosa por parte de toda la familia. Es lo que le sucedió a Kathrin, una joven que hace poco ha iniciado un trabajo de psicoterapia. Ha tenido algunas sesiones difíciles pero magníficas sobre este tema y me ha autorizado a relatar aquí algunos fragmentos.

Kathrin: vivir en una nueva tierra

Kathrin me cuenta que yendo de vacaciones a casa de su familia en Alemania, cerca de Múnich, de repente tuvo una sensación de vergüenza muy desconcertante que ya había sentido en el pasado. «De pequeña –cuenta– era la niñita que nunca debía de haber estado ahí. No era una hija deseada: era hija de un padre desconocido, o más bien, no "debidamente catalogado". Siendo la razón de la vergüenza de la familia, desarrollé vergüenza de existir; debía ocultarme. En la familia nunca se ha hablado de ello y yo nunca me he atrevido a hablarlo con mi madre. Ni tampoco ella conmigo. Ni siquiera ahora me habla nunca de mi infancia; eso me duele.

»Ese sentimiento de vergüenza de existir me sobrecogió de nuevo este verano. Es extraño, como si fuese al encuentro de mi infancia. Lo examiné todo a mi alrededor, a la gente, a mi madre, los lugares. Incluso las fotos de mi infancia con mi madre me daban sensación de vergüenza. Las estudié: ¿tenía aspecto de ser feliz, desgraciada? En pocas palabras, durante todo el día estuve a punto de echarme a llorar.

»Ya había tenido esa sensación en el pasado, pero allí era como si me diese cuenta, desde el exterior, de que mi infancia siempre había sido así... A partir de ahí (aunque creo que contribuyó mi trabajo psicoterapéutico), comprendí por qué me había convertido en una *campeona del olvido*. Para mí, cuando hay o sucede algo molesto, no hay que hablar de ello, ni siquiera hay que pensar en ello, hay que hacer como si no pasase. Se borra todo y se vuelve a empezar. Así es como me explico que viva en Francia: para mí es absolutamente perfecto. En Alemania, durante todos mis años de infancia no dejé de desvalorizarme, de denigrarme. No sentía ninguna confianza en mí misma. Un día, durante un viaje a Italia conocí a un chico que vivía en Mónaco y no paré hasta ir a vivir allí. Instalarme en Francia ha sido para mí un auténtico *renacimiento*. No he tardado en adquirir una nueva confianza en mí misma. He hecho amistades, he encontrado un trabajo. Lo más sorprendente ha sido la rapidez con la que he aprendido el francés. Todo el mundo se queda pasmado de mi buen acento francés.»

Tras dejar a Kathrin recuperarse de la emoción que visiblemente la ha embargado con esta evocación, le explico que, en efecto, *olvidarlo todo* también puede pasar por ese tipo de experiencia. Luego pienso en un fragmento de mi libro *Un reflet d'infinit*,[2] que le leo:

> Partir, no para huir, sino para ir allá, donde las contingencias serán más gratas, las ocupaciones más suaves, las inquietudes menos tenebrosas.
>
> Partir, no para conquistar un Eldorado más, sino para, finalmente, hallarse en paz con uno mismo, con todas esas imágenes de sí que se llevan y que en lugar de expresar y de vivir, se retienen, se callan, se retuercen, se sacrifican, pues si se fuesen todas esas imágenes que uno lleva en sí mismo, se tendría vergüenza de ser tan hermoso y tan hermosa.
>
> Partir siendo quien se es; al mismo tiempo devenir otro, pues cambiar de lugar es conocer otras orillas, otras gentes, otras costumbres y, en consecuencia, crecer en todos los lugares que se encuentran en el camino.
>
> Partir para dejar de pertenecer, para perder la identidad habitual, y devenir –¡por fin!– un ser íntegro pero desconocido para los demás, sin pasado, sin obligaciones, sin pequeñeces, sin filiación, sin ningún tipo de herencia.

Dejo pasar dos segundos, pues percibo que la emoción, tanto en ella como en mí, es grande, y después le explico que efectivamente, partir, apartarse de su tierra natal, de sus raíces, de su lengua, hasta del propio acento, puede ser saludable para desechar la memoria. ¿Qué memoria? La de la ausencia de un padre que le habría proporcionado su legitimidad. Para mí, vivir en una tierra nueva a menudo permite abrirse a otro sí-mismo insospechado, y yo mismo he hecho la enriquecedora experiencia en mi época berlinesa. Al mismo tiempo, como siento de verdad que existe mucho amor entre madre e hija, la animo a abrir ese camino y la invito a iniciar un diálogo con su madre sobre toda esa parte de su vida. Más aún cuando, como nuestro pasado tiende a atraparnos por allí donde queremos huir de él, los hijos de Kathrin empiezan a hacer preguntas sobre su pasado.

No sólo nos forma la historia racional de nuestra infancia, convirtiéndonos en lo que somos, sino que no deja de "trabajarnos". Un padre ausente, desaparecido sin dejar rastro o muerto demasiado pronto, una madre voluble, un abuelo reincidente, un tío alcohólico, una tata afectada por una grave enfermedad son otras de las preocupaciones que consideramos, durante nuestra infancia, como nuestras y que nos obligan sin cesar a situarnos y resituarnos, incluso llegados a la edad adulta. Pues nuestra mayor preocupación siempre será saber lo que valemos para los demás, cómo podemos presentarnos para darles la mejor impresión. En otras palabras, ¿me perciben como alguien que está bien? Muchos de nuestros comportamientos están orientados hacia esta preocupación. En todos los medios y en todos los grupos de edad puede hallarse la necesidad de estar tranquilos acerca de la imagen que los demás reciben de nosotros. Al mismo tiempo, por todas partes se siente, secreta o abiertamente, la misma necesidad: «¿Cómo puedo hacerme valer a los ojos de los demás?».

Nuestras experiencias pasadas y los recuerdos de la infancia resultantes constituyen el terreno emocional sobre el que se alza esa imagen y, además, nuestra identidad. Las negaciones vividas, las traiciones constatadas, los abandonos soportados, los estados permanentes de violencia aguantados son otros accidentes de la vida con los que todos o casi todos debemos lidiar para intentar conservar o restaurar una imagen de uno mismo casi *presentable* ante los demás.

El niño de antaño cura al adulto de hoy

Aunque los recuerdos pueden constituir un freno a nuestra evolución al constreñir nuestro horizonte cognitivo, encerrándonos en una percepción limitada de nosotros mismos y de nuestra existencia, también pueden –a través de su estructura dinámica– abrir espacios de vida insospechados. Cuando se empieza a estar en condiciones de evitar la trampa de darle vueltas sin cesar, cuando se es capaz de superar la barrera de coral de los recuerdos traumáticos, cuando se consigue hacer surgir otras imágenes, un poco como se movilizaría a la memoria para obtener el nombre de alguien que se tiene en la punta de la lengua, entonces reaparecen secciones inesperadas de la propia vida, de la infancia, del pasado, entonces reaparecen, surgiendo de no se sabe exactamente qué *profundidades*, imágenes, palabras, confidencias, sensaciones, sabores; en pocas palabras, percepciones que ni siquiera podría decirse que se habían olvidado; simplemente se las había abandonado por el camino, al borde del camino, demasiado absortos como estábamos ocupándonos de lo esencial, prosiguiendo, creciendo sin demasiados estragos o construyéndonos una burbuja de protección para no sufrir demasiado.

Pero para eso, primero hay que vencer las resistencias, abandonar las ideas preconcebidas, las mitologías que vehiculamos acerca de nosotros mismos (estoy condenado a vivir lo que vivo, tal es mi destino, no me merezco nada mejor…). Hay que osar querer otra cosa en uno mismo, en la cabeza, en el corazón, en el vientre, aparte de esas heridas habituales que conocemos de memoria desde la infancia. Hay que atreverse a creer también que nuestra mente no se limita a los malos recuerdos de la infancia, que existen otros, miles, millones, que también viven en nosotros, dispuestos a surgir cuando se lo indiquemos, cuando nos sintamos preparados.

Recuerdos de una naturaleza tan potente que incluso pueden curarnos de los otros recuerdos. Entonces, llegarán unos recuerdos, y después otros más, inesperados, asombrosos, que se instalarán en nuestra vida consciente, como si el niño de antaño se manifestase de nuevo en nosotros para corregir lo que no se ha hecho convenientemente. Aunque el adulto de hoy sufre del niño de ayer, sólo el niño de ayer puede venir a curar el corazón del adulto de hoy, a reconciliarle con la vida, con los demás, con los niños, con los padres, con los adultos de su entorno que le decepcionaron o traicionaron, rechazaron o violentaron.

Me gusta decir que el amor cura el amor. Es fácil de entender, pero difícil de poner en práctica. Es normal. Cuando se está totalmente absorto en una imagen amorosa, se está como hipnotizado; uno no quiere despegarse. Pero cuando se conoce un nuevo amor, se constata a pesar de uno mismo, casi *contra* uno mismo, a qué velocidad cicatrizan las heridas del corazón. Al igual que las imágenes amorosas que nos absorben y nos hipnotizan, también nuestros recuerdos nos cautivan. Son clichés de nuestra infancia, a los que se recurre en caso de duda o de necesidad y a los que regresamos de manera regular. No obstante, como todo cliché, paralizan nuestra vida y restringen su amplitud y desarrollo. Toda una parte de nuestra energía se ve así secuestrada de nuestra vida actual, como si se tratase de regresar continuamente a posiciones conocidas, ciertas, pero abandonadas ya hace mucho tiempo.

De la misma manera que el amor cura el amor, también digo que los recuerdos curan los recuerdos. Ciertamente cuentan con una función terapéutica en la medida en que, al aumentar su campo de expresión, liberan una gran cantidad de energía vital que se hallaba prisionera. Al rememorar los recuerdos de la infancia, al verbalizarlos, se aprende al mismo tiempo a verlos de otra manera, distinta, más completa. Al reorganizar el mundo de los recuerdos de la persona, el psicoterapeuta la lleva a considerarlos desde otra distancia, a contemplarlos de forma diferente y a diferenciarlos. Se trata de una desprogramación de ese Yo que se había erigido contra sí mismo para afrontar la vida, a los demás y a uno mismo, al mismo tiempo que de una reorganización de la percepción general que se tiene de uno mismo y de la vida. Por eso tantas personas osan decir que la psicoterapia les ha hecho *renacer*.

Nuestros recuerdos hacen referencia de manera primaria a la experiencia que tenemos de la vida. Y, curiosamente, lo conocido, aunque contenga una dimensión trágica, siempre tenderá a dar menos miedo que lo desconocido, de manera que, a menudo, puede verse a personas realizar elecciones conyugales o profesionales que van en contra de la felicidad que podrían vivir. Es lo que se llama comúnmente el fenómeno de repetición. Al contrario de lo que podríamos pensar, la mayoría de esas personas tiene bastante clara la cuestión. Un día, una joven me confió en un tono que pretendía ser humorístico, para así aflojar el nudo que le atenazaba la garganta: «A los siete años decidí poner a mi persona en lugar seguro y vivir con mi doble. Interpretaba papeles, todo el tiempo». No obstante, como proyectaba rehacer su vida con un hombre que le gustaba mucho y del que se había prendado, decidió que ya había estado suficientemente exilada y que no soportaba más la superchería. «No quiero vivir en el olvido –añadió–. Quiero vivir lo que realmente soy, deseo abandonar al doble y volver a conectar con mi personalidad original. Quiero ser una mujer con sus defectos y cualidades.» Cuando se inventa una persona que no se es, llega forzosamente un momento en que se necesita dejar las apariencias para salir al encuentro de uno mismo y recobrar la propia historia. Recobrar la propia historia quiere decir ir al encuentro del verdadero yo, un yo que dejará de estar, o al menos en mucha menor medida, preprogramado (por los demás, por la sociedad o por uno mismo) a fin de "funcionar" *perfectamente* social o sentimentalmente, pero un yo que podrá vivir su propia franqueza, en su propia autenticidad, es decir, siendo dueño de su propia energía y de su propio impulso vital.

PARTE V:
RECOBRAR LA PROPIA HISTORIA

13. SUS TRES RECUERDOS
DE LA INFANCIA

«Este pasado no sólo es la suma de sucesos ocurridos allí, bien lejos de mí, sino la atmósfera de mi presente.»

MAURICE MERLEAU-PONTY
Fenomenología de la percepción

RECAPITULACIÓN

Resumamos: hemos partido de las contribuciones de Freud y Adler, concentrando nuestra atención en los elementos de análisis tan fecundos librados por este último acerca de los recuerdos de la infancia. A continuación hemos realizado un rodeo teórico para comprender mejor cómo tanto recuerdo como olvido se inscriben en el proceso de la memoria. Admito que esa parte de este libro ha sido un poco "espesa" y más bien teórica. En un tercer momento hemos analizado la manera en que se instaura de forma progresiva la relación entre el bebé y su madre y su padre, así como con los demás miembros de su familia. Basándome en esta sólida teoría, he podido mostrarle cómo era posible –a partir de tres recuerdos de la infancia– extraer elementos de juicio muy valiosos respecto al papel de la *nuclearidad* madre-padre-hijo y de los demás componentes activos del recuerdo, como los recuerdos de lugares, momentos, objetos, animales, emociones, etcétera. Después he mostrado la importancia del *desplazamiento* en nuestros recuerdos de la infancia y el importante papel que desempeña en la percepción de nuestro mundo interior, del mundo exterior y de los demás. Para demostrarlo he esbozado una lectura de mis recuerdos de la infancia a partir del proceso de interpretación que preconizo. En la última etapa, le he llevado a hablar de las heridas afectivas que vehiculan los recuerdos de la infancia y le he mostrado de qué manera nuestro inconsciente se esfuerza en curarlas.

Con la técnica de análisis de los tres recuerdos que he detallado en la tercera parte, dispone de una serie de instrumentos incomparables para poder comprender las relaciones que existen entre usted y usted mismo, usted y su personalidad, usted y su estilo de vida y, en consecuencia, usted y los demás. Cuando se empieza a entrever los pilares sobre los que descansan nuestras acciones y comportamientos, se empieza a discernir de dónde provienen nuestros límites, nuestras carencias, nuestras dificultades y nuestros problemas vitales, pero también de dónde provienen nuestras capacidades, aptitudes y disposiciones.

Retomemos ahora, si lo desea, los tres recuerdos escritos en su hoja de papel y miremos juntos lo que le están diciendo. Por supuesto, como no me hallo físicamente presente a su lado, le dejaré al cuidado de seleccionar por sí mismo los elementos de apreciación que le conciernen a medida que avancemos en el inventario de las herramientas que he rememorado. Si ha querido participar en la pequeña tarea que le propuse al inicio del libro, contará con tres recuerdos de una gran calidad, con los que podrá trabajar con eficacia.

Su reacción frente a la petición
de recuerdos

Antes de nada, me gustaría que reflexionase sobre las razones que le han empujado a elegir este libro. ¿Por curiosidad, porque le chifla la psicología? ¿Es porque el título le ha parecido prometedor, misterioso, porque correspondía con hechos o sentimientos que le acompañan desde siempre? ¿Lo ha elegido porque esperaba que le permitiese deshacerse de un peso demasiado pesado con el que carga desde la infancia?

La segunda cuestión trata de su reacción cuando le he invitado a escribir sus recuerdos en una hoja de papel. Si tiene buena memoria, recordará que dije que regresaríamos a ellos aunque algunos de ustedes tal vez se encontrarían ante un gran agujero negro, o tendrían la impresión de no disponer de ningún recuerdo que valiese la pena escribir. Ahora pregúntese a sí mismo: ¿con qué actitud he abordado esos recuerdos? ¿Estuve inmediatamente de acuerdo en participar en esa tarea que me proponían? ¿Sentí resistencia a hacerlo? ¿Me he preguntado si se trataba de algún tipo de trampa que pudiera evitar? ¿He intentado anticipar la continuación del libro? La respuesta a esas preguntas muy generales le informará acerca de su actitud general ante la posibilidad de cooperar o sobre su tendencia a la desconfianza o a la resistencia. Además, le pondrá al corriente de su estado de ánimo general respecto a sus recuerdos. Hay que tener siempre presente el estado de ánimo con el que se emprenden las cosas pues es el que proporciona el matiz o el color a los sucesos que se viven.

En la consulta me cuido mucho de observar la manera en que una persona reacciona ante mi demanda de recuerdos. Para un psicoterapeuta, esas reacciones constituyen una mina de datos. En primer lugar, nos dan indicaciones acerca de la relación que mantiene esa persona con su pasado. ¿Tiene muchos recuerdos, le resulta agradable pensar en ellos, rememorarlos? A continuación, su reacción nos revela su emotividad frente a un suceso inesperado. ¿Se muestra sorprendida, desconcertada, inquieta, hace preguntas respecto a la demanda que se le ha hecho? Además de lo anterior, también podemos deducir su propensión a dar. ¿Ofrece sus recuerdos con facilidad, de manera natural, simple y generosa? ¿O por el contrario le cuesta ofrecerlos, expresarlos? Sus primeras palabras, una vez más, nos darán esas indicaciones. Preguntas del tipo: «¿Recuerdos de la infancia? ¿De qué tipo?», «no sé, no tengo recuerdos que me vengan así; tendría que reflexionar; no lo he pensado nunca», etcétera. En pocas palabras, todo tipo de argumento traduce una cierta forma de resistencia o retención. Por el contrario, otras personas se muestran asombrosamente prolijas y hay que pedirles que aflojen el ritmo de sus explicaciones a fin de ordenarlas y sobre todo de tomar nota. Su rostro se ilumina ante la idea de esa rememoración, la sonrisa interior que habita sus recuerdos ilumina su rostro y uno siente que hierven de impaciencia por compartir esos momentos.

Personalmente he experimentado una gran dificultad cuando he interpretado los recuerdos personales que relaté al inicio del libro. Algo en mí estaba bloqueado. He tenido que volver a empezar en varias ocasiones: de repente no tenía nada que decir, o bien mi ejemplo me parecía banal; en otro momento estuve persuadido de que mis explicaciones carecerían de interés para el lector. etcétera. Una cosa era cierta: hablar de mis recuerdos ¡era exponerme! Decidí dejar el trabajo de interpretación para más adelante, cuando me sintiese más dispuesto a abrirme al lector. Y fue al cabo de varias semanas, durante una estancia en Brasil, en un autocar entre São Paulo y Ouro Preto, cuando mis resistencias cedieron y me vinieron las palabras.

Nuestras resistencias, cuando son intensas, nos impiden tener una percepción clara y simple de la realidad, y en ocasiones debemos volver a empezar varias veces para poder llegar a esbozar un cuadro más o menos fiable de lo que realmente hemos vivido. Lo que digo aquí también es válido para nuestras acciones en general, pero igualmente para la memoria que mantenemos de nuestros recuerdos. Cuanto más difícil de vivir son las cosas, más se esfuerza nuestro inconsciente en reprimirlas, en rodearlas, en transformarlas de manera que nos resulten relativamente aceptables. Ya hemos visto de lo que es capaz nuestro inconsciente con Freud y sus recuerdos-pantalla.

El enfoque de sus recuerdos de la infancia

Antes de adentrarnos en sus tres o tal vez cuatro recuerdos, me gustaría asegurarme de que se encuentra cómodamente instalado y que nada le molesta (radio, televisión, teléfono, ruido de la calle…) ni le distrae. Permanezca en un estado de receptividad correcto, de manera que pueda aceptar sin resistencia lo que emergerá en su mente. Imaginando que se halla en su casa, le pediría en primer lugar que mirase de nuevo a su alrededor y que, tras observar el entorno en el que se halla, recoja todos los objetos recordatorios que vea. Acuérdese de que le revelé unos cuantos de los míos. Resultaría también interesante analizar el por qué de la presencia de esos objetos en mi entorno, pero eso sería ir demasiado lejos. Haga lo mismo: haga un inventario de los objetos de recuerdo que encuentre a su alrededor e intente ver un denominador común. En lo que a mí respecta, los objetos que me rodean provienen de viajes que he hecho yo mismo o personas de mi entorno familiar. Ahí radica *un* denominador común. ¿A qué categoría pertenecen sus objetos de recuerdo? Libros, cuadros, ceniceros, discos, joyas o simplemente fotos, etcétera. Eso ya le informará acerca de aquello a lo que se siente apegado. Hay otra cuestión previa que me parece importante: ¿es usted un caballero o una señora Recuerdos? Dicho de otra manera, ¿siente una fuerte o muy fuerte inclinación hacia el pasado, vive en él? Eso podrá hacerle comprender en qué medida ha logrado desembarazarse de las escorias de la infancia o si todavía no ha conseguido "cortar el cordón".

Pasemos a continuación a sus tres recuerdos. ¿A qué franja de edad corresponden? Le pedí que pusiera por escrito tres o cuatro recuerdos de su primera infancia, es decir de la franja entre cero y cinco años. ¿Es así o los que le vinieron pertenecen más bien a la de entre cinco y diez años? Estas respuestas le pondrán al tanto de la fluidez y "vivencia" de su historia vital. Si de momento no tenemos recuerdos de la primera infancia, es que nuestro inconsciente, por razones que desconocemos, pero que ciertamente para él están fundadas, ha elegido mantenerlos en reserva. Es probable que a continuación observe que sus recuerdos tienen la capacidad de subir en el tiempo. Hablo de la vida tras el nacimiento, pero otros especialistas no dudan en hablar de la vida antes del nacimiento, incluso de vidas anteriores. Aunque esas especulaciones pueden interesarme a un nivel intelectual, personalmente no me gusta llevar tan lejos el proceso.

A menudo, los recuerdos de la infancia se articulan sobre sucesos precisos que pueden corresponder a una ruptura o a una renovación posiblemente traumatógena. Puede tratarse de un traslado, de una separación de los padres, de problemas laborales de uno de ellos, pero también del nacimiento de un hermanito o hermanita, del traslado a otra casa, etcétera. Sería interesante escuchar lo que esos puntos de referencia tienen que decir.

EL PRINCIPIO DE NUCLEARIDAD
EN LOS RECUERDOS

Por comodidad, utilizaré de ahora en adelante el término genérico "nuclearidad" para designar la estructura familiar, social o medioambiental que aparezca en sus recuerdos, pero es evidente que, salvo indicación contraria, ese término incluirá lo que se ha dicho en los capítulos 5 y 6 de la tercera parte del libro.

Presencia de la nuclearidad básica
en sus recuerdos

Digámoslo de entrada: es evidente que si usted es un señor o señora Recuerdos, tendrá enormes posibilidades de encontrar en sus tres recuerdos una forma de nuclearidad clásica. De la misma manera, si no ha conocido a sus padres, si, por ejemplo, murieron cuando usted nació, no hallará la estructura clásica de la nuclearidad básica, lo que no significa que no se haya elaborado de otra forma (con los padres de adopción, por ejemplo).

Observe sus tres recuerdos. Madre, padre, hermanos o hermanas, abuelos, personas de la familia extensa, ¿aparecen en orden o en desorden? ¿Incluyen sus recuerdos a uno más que otro o exclusivamente a uno? En lugar de preguntarse por qué, por ejemplo, su padre aparece en los tres y su madre en ninguno, pregúntese por qué ésta no aparece. Suelen existir buenas razones. En primer lugar las *buenas* razones: si se trata, por ejemplo, del padre del sexo contrario, puede simplemente ser debido a un interés edípico un poco fuerte, pero es algo clásico. No obstante, una desproporción también podría revelar otra cosa. Pongamos por caso, un desafecto, un conflicto y un odio irreconciliable hacia esa madre que se mostró tan fría, o tan severa, o tan intransigente o tan cruel («Mi madre nunca me ha querido», o: «Siempre ha preferido a mi hermano», o: «Sólo estaba por mi padre», etcétera).[1] Estoy hablando de la madre, pero puede tratarse de cualquier persona de la familia cercana. Así pues, si forma parte de una familia numerosa, también podría ser uno de sus hermanos o hermanas más próximos.

La nuclearidad básica no aparece

Si el orden de la nuclearidad básica no aparece en sus recuerdos, fíjese a quién concierne en particular: un adulto que posee un vínculo fuerte privilegiado (tío o tía, pero también, a menudo, padrino o madrina), una persona perteneciente a un círculo más alejado que el familiar y parafamiliar, por ejemplo, un amigo íntimo de la familia, un religioso, un profesor, un monitor, un vecino… Puede ser muy interesante para usted, pues eso le mostrará la manera en que el niño o la niña que fue consiguió superar un impacto parental posiblemente traumatógeno desviando la corriente afectiva hacia esa otra persona (Boris Cyrulnik lo llamaría el *tutor*). En esta cuestión me gusta decir que la tierra pertenece a quien la trabaja.

Recuerdos que se refieren a los otros componentes principales

Aquí no podemos citarlos todos, pues de hecho pueden ser innumerables. Pero retomando algunos elementos presentes más arriba, estoy seguro de que podrá extraer marcadores muy elocuentes. Recuerde el pasaje acerca de los animales receptores de afecto, que en algunas circunstancias pueden desempeñar el papel de "terapeutas". Si sus recuerdos de la infancia hacen referencia mayoritariamente al reino animal, tal vez eso le lleve a interrogarse sobre las relaciones que mantuvo y mantiene todavía con los humanos.

Para tomar otro ejemplo, los recuerdos de lugares traducen, ahora ya lo sabe, necesidades intensas de anclaje, de manera que puede preguntarse, si le concierne, acerca de su necesidad de seguridad o de estabilidad (sería interesante, en ese caso, relacionarlas con los recuerdos de desplazamientos a los que pasaremos en un instante). La insistencia en el tiempo o en épocas pasadas traducirá un sentimiento de inseguridad que se tiene necesidad de satisfacer mediante referencias temporales intensas, o incluso una cierta nostalgia. Podemos imaginar que un antiguo francés de Argelia tendrá referencias de lugar (exilio) y de tiempo (infancia desaparecida) muy fuertes, pues corresponderán a la parte de su juventud vivida allí y al traumatismo de la separación a resultas de la repatriación.

Los recuerdos de objetos o de cosas

A menudo encierran muchos datos que a priori no se habían percibido. Por lo general, los recuerdos de objetos no están vinculados con una anécdota precisa. Más bien aparecen, como ya he dicho, bajo la forma de *flashes* o de imágenes en lugar de sucesos narrables, siendo su interpretación delicada. De hecho, los recuerdos *secos* de objetos o de cosas, que llamaría "amediáticos", son muy raros y, cuando aparecen, revelan un panorama interior desértico que hace pensar en una patología semiautista. Todos los recuerdos, sean los que fueren, se refieren a una cierta relación con el mundo, y sólo a veces resulta muy difícil descubrir el hilo conductor. Hay que ir a buscar la forma simbólica o parasimbólica que subyace. Si se acuerda, por ejemplo, de un juego de mecano que le regalaron, aunque dicho recuerdo no contiene ninguna representación social fuera del "que le", en este recuerdo puede verse el instinto social subyacente en el regalo que le han hecho. Ha existido un medio (el regalo), que le ha vinculado al mundo ajeno. O incluso, si sólo se acuerda de una lámpara de salón, sin que parezca que dicho objeto filtre ninguna relación social, podemos comprender la lámpara como una fuente de luz y el salón como un lugar de convergencia social. Excepciones aparte, los recuerdos de objetos no se reducen, afortunadamente, a una expresión tan simple. La mayor parte del tiempo, hablan. Y mucho. La chimenea hablará del hogar; la mesa, de las comidas; el bolígrafo, de la escritura y la lectura; el archivador, de las cosas que se conservan porque agradan; la nevera, de los alimentos; el cazo de la leche, de la instancia nutritiva; la barrera, del obstáculo o de la propiedad privada, etcétera. Permita que sobre los objetos de sus recuerdos la mente superponga las imágenes que acudan espontáneamente y verá como no se equivoca.

Los recuerdos vinculados a los sentidos y las emociones

Los recuerdos vinculados a los sentidos y las emociones le pondrán al corriente del mundo sensitivo, sensible y sensual en cuyo seno organiza su vida. Digamos que conciernen todo lo relativo, por una parte, al "cuerpo", es decir de lo vivido en el cuerpo y de su expresión (percepciones corporales, movimientos, dinámica física, pero también de lo vivido por el cuerpo en cuanto mujer o en cuanto hombre, intimidad corporal, elementos de naturaleza libidinal…), y por otra parte, todo lo relativo al "corazón", con las *emociones* (sentimientos, alegría, pena, humor, tristeza…) y los *afectos* (cólera, rencor, celos…). Se trata de la relación sensible que mantiene con el mundo, con la vida y con sus elecciones.

Pertenecen a ese gran cóctel donde se mezclan y entremezclan lo genético, lo fisiológico, lo físico, lo mental, lo psicológico, lo hereditario, lo adquirido, lo inconsciente, lo consciente, la identidad y la personalidad. En suma, todo lo que hay más vivo en usted. Cuantos más elementos vinculados con los sentidos y las emociones conlleven sus tres recuerdos, más pondrán de manifiesto la "vivencia", es decir, el lado activo, reactivo, dinámico, cautivador y apasionado de su persona.

Los recuerdos vinculados a traumatismos

Ya he hablado bastante al respecto en la parte precedente del libro, así que no me extenderé en detalles. Me contentaré con insistir en el hecho de que sorprendentemente los elementos traumatógenos no se encuentran de manera sistemática en los tres recuerdos. Se podría justificar como una cuestión de pudor, pero ese no es realmente el caso. Los recuerdos suelen estar sobre todo vinculados al clima actual en el que la persona vive, más que al propio traumatismo. Si vive un momento doloroso, difícil o problemático, sus recuerdos estarán teñidos de elementos de resonancias traumáticas; si, por el contrario, vive cosas agradables y dinamizadoras, su tendencia será más bien la de buscar recuerdos que se ajusten a ese estado de ánimo. Cuando en los recuerdos interviene un elemento traumático, hay que comprobar si no estará ahí para manifestar de manera oculta un sentimiento general de debilidad existencial o de inferioridad con el que se carga actualmente.

Ya se dará cuenta de que los elementos intra y extra-nucleares de nuestros recuerdos conforman un mosaico sutil pero a pesar de todo legible. La evaluación y la lectura que puede llegar a hacer gracias a mis categorías deberían librarle buen número de datos acerca de su tendencia, su estilo y sus elecciones de vida. No obstante, no saque conclusiones demasiado definitivas. La otra mitad de la estructura dinámica de sus recuerdos todavía debe reactualizarse, pues ahora debe pasar a ver cómo se inscriben los elementos de desplazamiento.

EL PRINCIPIO DE DESPLAZAMIENTO EN LOS RECUERDOS

Este componente de los recuerdos de la infancia es un indicador privilegiado de la tonicidad de nuestra vida. En efecto, si la nuclearidad básica responde al mundo emocional interior y a la necesidad de seguridad, el desplazamiento responde a la necesidad de crecimiento y expansión, pues nos informa acerca de nuestra propensión a explorar el mundo exterior. Pero aunque fundamentalmente todos los seres humanos sienten una necesidad de seguridad y una necesidad de crecimiento, no todos sienten las *mismas* necesidades, de la *misma* manera, en las *mismas* circunstancias y en las *mismas* proporciones. Así pues, la clasificación en cuatro partes, 1) desplazamiento claramente expresado, 2) desplazamiento simbolizado, 3) desplazamiento obstaculizado y 4) ausencia de desplazamiento, permite tener en cuenta esos matices. Además, evita, como veremos a continuación, una dicotomía demasiado abrupta entre las dos dimensiones de nuclearidad y desplazamiento en el seno de sus recuerdos de infancia.

Desplazamiento claramente expresado

Tome de nuevo sus tres recuerdos e intente desvelar los elementos de desplazamiento que pudieran existir. Presiento que al menos encontrará uno. No dispongo de estadísticas sobre la materia –claro está–, pero presumo que dos de cada tres personas encuentran en sus tres recuerdos un elemento visible de desplazamiento. ¿Pertenece usted a esa categoría? ¿Ha identificado un elemento de recuerdo que está relacionado con medios de transporte (coche, tren, avión, barco)? ¿O bien relativo a los viajes, las vacaciones, los paseos, los deportes, el tiempo libre? Si no aparece en las primeras palabras que haya escrito, hallará ese elemento de desplazamiento en los detalles complementarios que haya añadido a continuación. Recuerde que así ocurrió conmigo en mi primer recuerdo. Yo escribí: «Me veo en un jardín que parece un poco baldío, con un cazamariposas de tul, de un color muy vivo, en una mano, a punto de intentar atrapar las mariposas que revolotean entre las hierbas altas». Pero sólo después precisé: «Este recuerdo se sitúa en Vendée, en casa de mis tíos»… ¿Nada parecido? Entonces tal vez el desplazamiento figure en sus tres recuerdos de manera simbólica. Estudiémoslo detenidamente.

Desplazamiento simbolizado

El reconocimiento de los símbolos de desplazamiento será una delicia para su espíritu de deducción si cuenta con un poco de paciencia y perspicacia. Le daré dos ejemplos. Podría tratarse de un recuerdo de juego individual (bicicleta, triciclo, patines, *rollers*) o de un juego colectivo: por ejemplo, jugar a tocar y a parar, o a policías y ladrones, o incluso a la gallinita ciega. Si eso no da ningún resultado, mire a ver si aparece una historia de cochecito de bebé, o el de su hermanita, o incluso de tren o cochecitos con los que le gustaba jugar en la alfombra. ¿Tampoco obtiene ningún resultado? No desespere: también puede mirar, por ejemplo, en el trabajo de los adultos que aparecen en sus tres recuerdos. ¿Había uno que era viajante de comercio, que trabajaba en una agencia

de viajes, o en un garaje mecánico, tenía un taxi, era profesor
de historia y geografía (sí, la historia hace viajar en el tiempo y la geografía en el espacio)? Si estas indicaciones no le
permiten avanzar, pruebe a buscar si halla un vínculo con el
viaje interior o con el sueño: ¿no hay nada de alfombras má-
gicas? ¿O acerca de un guapo príncipe que llega sobre su caballo blanco para pedirle su mano a su padre? Observe bien
las palabras que ha escrito; leyendo entre líneas debería poder identificar algunos indicios.

Desplazamiento obstaculizado

Aunque algunos cuentan con un temperamento activo y decidido en toda circunstancia, hay que admitir que son una
minoría. La mayoría de nosotros tenemos vidas y caracte-
res mucho más fluctuantes, enfrentados a los antagonismos
internos más paradójicos, por no decir más contradictorios.
Recuerde a Bertrand, el joven abierto y brillante que tenía
esa terrible impresión de freno en la vida y que no podía ex-
plicársela. Los recuerdos de desplazamiento que incluyen un
lugar de transición entre el interior y el exterior (jardín, terraza, balcón, pasaje...) son, desde este punto de vista, muy interesantes pues nos muestran con qué fineza y capacidad de
diferenciación ha temperado nuestro psiquismo nuestra percepción de la vida y de sus riesgos; actuando a la vez como
acelerador («Vete a ver el mundo exterior...») y como freno («... pero no salgas del perímetro que te concedo»), es-
tableciendo una etapa intermedia, un terreno de formación,
si puedo denominarlo así, entre el mundo familiar y el gran
mundo. Cuando, en una serie de tres recuerdos, aparece un
elemento de desplazamiento acoplado a una nuclearidad básica clásica, tendrá ante sí el cuadro típico de una educación
tradicional de tipo autoritario, es decir, represora (el niño es

un niño y debe seguir siendo un niño bajo la autoridad de sus padres). Añadiría que, a pesar de las diferencias de educación que siguen haciéndose en la actualidad entre chicos y chicas (permisos, salidas, libertades, atribuciones de tareas domésticas, sexismo...), hallaremos con más facilidad lugares de transición en los recuerdos de las chicas que en los de los muchachos, y en estos últimos sobre todo cuando hayan sufrido la presión de una autoridad parental fuerte.

Ausencia de desplazamiento

Como ya he dicho, es muy raro que el análisis no revele ningún elemento de desplazamiento en una serie de tres recuerdos. Recordará no obstante a Marie-Claire, la joven de la Reunión cuyos tres recuerdos tenían como marco único la casa. Si tiene la sensación de que sus tres recuerdos no incluyen ningún elemento de desplazamiento, no olvide que el desplazamiento también puede *brillar por su ausencia*, por ejemplo: «No salíamos nunca», «nos obligaban a quedarnos en casa», «hubiera querido hacer equitación, pero para mis padres no tenía sentido», etcétera.

Imposible, desde luego, pasar revista a todas las posibilidades de expresión o codificación del desplazamiento que un cerebro humano puede formular a través de un recuerdo de la infancia, pues son casi infinitas. Los ejemplos y las pistas ofrecidas no están ahí más que para señalar la extraordinaria diversidad de los elementos que tienen relación, de cerca o de lejos, con el principio de desplazamiento. A usted le toca localizar la manera en que su inconsciente ha codificado las cosas, así como reflexionar sobre la o las razones por las que ha elegido expresarlas de tal o cual forma o, al contrario, retenerlas.

La coincidencia de los dos principios de nuclearidad y de desplazamiento en los recuerdos

La nuclearidad es *verticalidad*, es decir, que corresponde a la escala generacional, transgeneracional y social de la vida humana en el recuerdo (abuelos, padres, hermanos, hijo…). Tiene una función de *tiempo*. Por su parte, el desplazamiento es *horizontalidad*, pues señala la manera en que exploramos el mundo a través de nuestras experiencias vitales. Tiene una función de *espacio*. Tiempo y espacio son dos coordenadas universales en las que todos los seres humanos se mueven y evolucionan. En toda serie de tres recuerdos se encuentran las dos dimensiones de *verticalidad-tiempo* («¿Quién soy intrínseca, familiar y socialmente?») y de *horizontalidad-espacio* («¿En qué mundo vivo? ¿Cómo vivo respecto a mi percepción, a mi comprensión, a mi concepción del mundo que me rodea?»).

Si cruza los datos *verticalidad-tiempo-nuclearidad* y *horizontalidad-espacio-desplazamiento*, dispondrá de dos marcadores eminentemente prácticos para calibrar la estructura dinámica de sus recuerdos de la infancia y, al mismo tiempo, su sentido profundo. A la vez, eso le permitirá comprender cómo pueden reactualizarse en su vida actual. La expresión "reactualizar" no es justa. No se *reactualizan*, sino que se *actualizan* constantemente, pues la vida humana no está compartimentada, sino que es una *continuidad vivida*. Es fácil de comprender: no se puede ser niño o niña primero, adolescente a continuación, adulto después, etcétera. Al igual que en un *puzzle*, cada experiencia de la vida participa en la puesta en escena progresiva del conjunto.

A partir de ahora dispone de las herramientas idóneas para llevar a cabo un enfoque analítico correcto de sus tres recuerdos, y deberá poder hacerlos jugar juntos en buena armonía. Repase de nuevo los recuerdos de la infancia escritos en el papel y hágase por última vez las siguientes preguntas, intentando responder con espontaneidad:

• ¿Es la atmósfera de sus recuerdos esencialmente lúdica, seria, moralizante, angustiosa, neutra?

• ¿Cómo interviene el principio de nuclearidad, de forma clásica o no clásica, o bien no interviene de ninguna manera en sus tres recuerdos (sabiendo que estar en la norma o fuera de ella –espero que lo recuerde– no quiere decir ser o dejar de ser normal)?

• ¿Tratan sus recuerdos principal o exclusivamente de su relación con su madre, o con su padre, de su época de Burdeos o de Argel, del colegio de monjas, o de la primera casa en la que vivió, etcétera? ¿Por qué no aparece su madre (o su padre, o su hermano, etcétera) en sus tres recuerdos? ¿Qué le dice eso? A partir de esa constatación, ¿identifica alguna relación entre lo que le dicen los recuerdos de su infancia y lo que vive ahora? ¿Le informan sus recuerdos acerca de la imagen que mantiene de sí mismo en cuanto mujer u hombre?

• ¿Tratan los sucesos intervinientes en sus recuerdos de períodos de vacaciones y ocio, de accidentes y desgracias, de violencia y agresión, de enfermedad y muerte? ¿Identifica alguna relación entre esos sucesos del pasado y su manera de afrontar la vida en la actualidad?

• Desde el punto de vista del principio de desplazamiento, ¿indican sus recuerdos una tendencia fuerte o débil a la movilidad, o una traba a su dinamismo?

Anote todas las imágenes que le vengan a la mente, y las palabras que le sugieran. Asócielas juntas, intente extraer un denominador común. Este será el que le ponga al corriente de su estilo de vida, de su actitud frente a sí mismo, a la vida y a los demás.

En sus recuerdos, la *nuclearidad* representa el navío, y el *desplazamiento*, el timón. Este es el que da la dirección, el que marca la velocidad, el que sostiene su dinámica vital. Sus recuerdos de la infancia le hablan de sus tendencias; son brújulas, no un GPS. No intente pues localizar, sino evaluar. Sus recuerdos de la infancia no deben informarle sobre lo que ya sabe, sino sobre lo que desconoce. No es útil recurrir a este método para evaluar si es usted una persona activa, reactiva o pasiva, una persona comprometida socialmente, agorafóbica, generosa o avara. Eso usted ya lo sabe, y probablemente mejor que nadie. No, mi método de análisis de los recuerdos puede ilustrarle y ayudarle en situaciones o sucesos que no comprende, que se le escapan, o que no acaba de conseguir que se inclinen favorablemente de su lado sin que pueda comprender las razones profundas. Serán, por ejemplo, sus fracasos repetidos, sus pataletas, sus bloqueos inexplicables, sus expectativas siempre frustradas, sus cabezonerías, sus actitudes psicorrígidas, su falta de anticipación, las trampas que se pone a sí mismo sistemáticamente, etcétera. Si quiere comprender todo eso, entonces sus recuerdos de la infancia le ayudarán a ver con claridad.

14. COMO UNA CORTINA QUE SE DESCORRE

«Percibir la belleza de lo que es demasiado habitual para impresionar a los otros espíritus.»

Atribuido a Auguste Rodin[1]

El inconsciente es un buen administrador

Nuestro consciente y nuestro inconsciente intervienen sin cesar en nuestras percepciones y en la evaluación que estas realizan. El consciente nos dice: he visto tal o cual cosa; ¿qué es lo que me inspira? ¿Lo he experimentado antes? ¿Es un suceso o una acción que puede darme confianza o ponerme en peligro? ¿Puedo relacionarla con una experiencia conocida, vivida, sufrida o pasada? Nuestro inconsciente dice a su manera: vives tal o cual cosa, pero ¿cuál es su valor en el contexto actual? ¿Influirá en el equilibrio de conjunto? ¿Debo relacionar tal suceso con otras experiencias ya vividas, evaluadas, ordenadas y grabadas en la memoria? ¿Debo dejar pasar la información, censurarla o debo censurar sólo una parte? ¿Podrá administrar el Yo el enfrentamiento entre esas dos informaciones antagónicas? ¿Es lo suficientemente fuerte para ello? ¿Está lo suficientemente preparado para afrontar este enfrentamiento en buenas condiciones? Como ve, aunque el inconsciente censura mucho, también protege en igual medida.

Nada de lo que se hace en nosotros, de lo que nos sucede, de lo que se produce en nosotros, llega por casualidad, ni es por que sí. Dicho de otra manera, todo, en nuestros pensamientos, en nuestra mente, en nuestras percepciones, en nuestras acciones, en nuestros sueños e incluso en nuestras neurosis, tiene un sentido, una utilidad. Aunque desconozcamos el sentido, todo en nosotros es intencionado a fin de adaptarnos y orquestarse en la unidad de conjunto. Lo mismo vale para la manera en que recordamos las cosas. Nada de lo que recordamos, y nada de lo que se recuerda en nosotros, lo hace por azar. Todavía me acuerdo de lo que dijo Paul Ricoeur en su conversación en France Culture, explicando: «*Uno se dice: ¿te acuerdas? ¡Claro que sí!* Y de repente, hay fragmentos del pasado que se recuerdan. Eso significa que el olvido también es un olvido de reserva, un olvido de protección contra sí mismo, contra su propia eliminación».

El inconsciente es un banquero prudente. No abre su caja fuerte así como así. No mezcla los títulos, valores y los activos. Es un buen administrador de nuestros recuerdos. Por una parte nos protege de los demás y de nosotros mismos. Por ejemplo, llevándonos a reprimir o a *olvidar* algunos recuerdos especialmente desagradables o dolorosos, o incluso haciendo el duelo de una desilusión o de una traición. Por otra parte, sabe adaptarse a toda nueva circunstancia, sobre todo a nuestra evolución. Es capaz, por ejemplo, de dejar emerger recuerdos a medida que somos más fuertes, es decir, cuando estamos en condiciones de dominar la increíble emoción, lo que Freud denominó la *inquietante extrañeza*,[2] que estaba unida a nosotros hasta el momento presente y que podía actuar sobre nosotros de manera destructiva.

Nuestro inconsciente no conoce las primicias ni las noticias sensacionales, pero posee un ascensor muy eficaz. Baja a buscar y deja subir los recuerdos o las percepciones sensibles que podemos afrontar. Y *de regalo*, incluso puede liberar recuerdos nuevos y las sensaciones vinculadas a ellos. Los psicoterapeutas conocen bien este fenómeno. Con frecuencia escuchan decir: «Fíjese, de repente me acuerdo de que...», o: «Qué gracia, nunca había pensado en eso». Son una especie de regalitos aportados por el trabajo sobre sí misma que realiza la persona en su esfuerzo de comprensión. Pero a fin de cuentas, es bastante más que eso, es como si se descorriese una cortina y detrás de ella apareciesen y reapareciesen fragmentos enteros de la vida de uno.

LOS RECUERDOS SON LA MARCA DE NUESTRA INTIMIDAD

Al escribir este libro me han ido viniendo a la cabeza fragmentos enteros de recuerdos, a menudo en el momento en que menos los esperaba. Recordé que de niño, en el patio del colegio, me encantaba jugar a las canicas con otros compañeros. Metíamos en el juego a un soldado (o un vaquero) de pie, de perfil. El juego consistía en darle a la figurilla con una canica, a tres o cuatro metros de distancia. Si la canica volcaba directamente al soldado, se lo quedaba el lanzador, y el que había puesto el soldado se quedaba todas las canicas que pasaban de largo o que no acertaban. Ese juego me apasionaba tanto que cuando había que dejar de jugar para volver a clase, yo sólo pensaba en una cosa: continuar la partida en el próximo recreo. Pero al analizar las cosas con mi visión actual, me doy cuenta de que no eran tanto las canicas o los soldados lo que me importaba, sino la sensación de ganar, de vencer, de ser poderoso. También me doy cuenta de que esos momentos de victoria van acompañados de cierta sensación de soledad, pues querer ganar a toda costa conduce obligatoriamente a aislarse un poco de los demás.

Los recuerdos son susceptibles de revelar un estado de ánimo que no se había percibo en el momento. Ganar la batalla a todo precio, vivir la relación con los demás desde la competición fue una constante en mi vida. Me parece lógico, ya que era el menor de los cuatro hijos de la familia y tenía que cargar la tintas para sentirme a la altura. Lo que hoy me llama la atención es descubrir esa sensación de soledad que se superponía a mis victorias. Nunca lo había visto así antes. El camino de la victoria aísla siempre un poco respecto a los demás ya que implica una gran inversión personal y mantenerse provisionalmente a distancia. Siempre ha sido así en los combates que he librado en mi vida. En lo sucesivo, prestaré una atención especial, acercándome bastante más a mis amigos...

Y usted, querido lector, querida lectora, ¿ha sentido emerger algunas emociones en usted al hilo de estas páginas? Este libro no es neutro. Remover recuerdos es fuerte. Puede que me haya maldecido por haber hecho aparecer en su mente recuerdos desagradables, desgraciados o terribles... Pero esas evocaciones también han podido desencadenar un recuerdo enternecedor de su infancia y que le ha conmovido más de lo que habría podido imaginar.

Esas herramientas de comprensión e interpretación de los recuerdos son muy potentes. No hay duda de que deberá repasar tal o cual particularidad o tal o cual situación ligada a uno de sus recuerdos, porque considerará que no le prestó la atención debida, o porque en ese momento no le pareció interesante, o, simplemente, porque no se sintió concernido. No importa. Al repasar los capítulos que le interesan estará en situación de evaluar sus recuerdos, pues los elementos de interpretación que ofrezco aquí son datos comunes, por no decir universales.

Nuestros recuerdos constituyen una herramienta maravillosa de conocimiento y superación de uno mismo

Durante mucho tiempo me he preguntado acerca de las razones por las que concedemos tanta importancia a nuestros recuerdos. Tal vez porque emanan de nuestra vida consciente. Si no importa quién puede, en cualquier momento, evocar no importa qué recuerdo, ¿dónde está la gracia, el misterio, la atracción? Pues, al fin y al cabo, no hay nada más banal que un recuerdo. Aparte de los amnésicos, todo el mundo los tiene, todo el mundo los produce, todo el mundo habla de ellos. Ahora bien, es sabido que no se concede ningún valor a las cosas más que en la medida de su rareza. Si a los sueños se los valora de la manera que sabemos es porque saben revestirse de una parte de misterio; e incluso cuando rebosan de una trivialidad o de una obscenidad espantosa, siguen conservando cierta aura de respetabilidad pues nos parecen el producto puro de un inconsciente cuyos oscuros designios se nos escapan. Hemos aprendido a contentarnos: «Si mi inconsciente habla, yo no puedo hacer nada...». Tener un sueño obsceno es una cosa, recordar una obscenidad cometida es otra. La primera nos dejará perplejos, mientras que la segunda nos culpabiliza. Además, es muy probable que si esa obscenidad entra en conflicto con nuestros principios morales, nuestro inconsciente sabrá poner orden y hacer que la censuremos, reprimamos u olvidemos.

Nuestros recuerdos no son los niños pobres de nuestra vida psíquica. Habría que abandonar tal prejuicio. Asimismo tienen su complejidad, su lenguaje, su contenido latente, su sentido oculto, su escritura. Constituyen una fuente incomparable de información sobre nuestra manera de percibir la vida, a los demás y al mundo, y también sobre nuestra manera personal de afrontar o eludir las dificultades de la existencia, de resistir o meternos en los caminos que la vida nos propone o nos impone, a veces.

Más allá de una descodificación enigmática de los acontecimientos pasados, el análisis de nuestros recuerdos de la infancia es una verdadera herramienta de conocimiento de uno mismo y, todavía más allá, de evaluación y superación de uno mismo.

• De evaluación y superación de uno mismo porque nos permiten salir de la mitología habitual que mantenemos sobre nosotros. Esta mitología hace referencia a ciertos clichés parciales, limitados, exiguos, torpes, a menudo negativos, que guardan una escasa relación con la riqueza de la persona que somos en realidad. Esta imagen es la que se transparenta cuando decimos: «Yo te conozco bien». No hay nada de anormal en ello. Nuestra cultura, nuestro medio y nuestra educación han modelado esa imagen de nosotros y parece lógico que quisiéramos adoptar el reflejo. No obstante, la consecuencia de ese "formateado" es que en realidad no tenemos más que una idea bastante vaga y errónea de nosotros mismos. El análisis de nuestros recuerdos constituye un medio excelente para ir a buscar tras el espejo de las apariencias a ese o esa que en realidad somos y enriquecernos con las nuevas imágenes que nos permiten descubrir.

• De evaluación y superación de uno mismo también en la medida en que nos permiten profundizar acerca de nuestro punto de vista sobre nosotros mismos. Confieren una cierta distancia y ofrecen una visión más desapegada de las situaciones vividas o sufridas. Nos ayudan a redibujar un cuadro más fiel y menos prestado de nuestro carácter, dirigiéndonos hacia otra inteligencia de nosotros mismos y de los demás.

El conocimiento de uno mismo es un proceso muy valioso. Siempre lo ha sido, pero la época de la hipercomunicación y de la hipermediatización que vivimos lo convierten en más urgente que nunca. No hay un solo campo en que no se haga sentir su necesidad, se trate de nuestro mundo profesional, de nuestro medio social e incluso de nuestra esfera sentimental. Quien no dispone de las modalidades mínimas de un conocimiento de sí mismo, dicho de otra manera, quien no realiza el esfuerzo personal por situarse respecto a la vida, a los demás y al mundo exterior se queda "plantado"; tanto en sentido figurado como literal. Reflexionar sobre la propia personalidad y carácter, pensar en su vida y su evolución, considerar la propia existencia en términos de proyecto de vida, constituyen hoy en día reglas de higiene vital al mismo nivel que ocuparse del cuerpo, de la salud y del propio bienestar. Nadie puede hacerse el sueco en esta cuestión. Y los hombres tal vez menos que las mujeres, pues ya lo han hecho durante muchos decenios, jugando la carta patriarcal, pero esa época ya ha pasado. La emancipación de la mujer ha trazado el camino. Hoy en día ellos son los invitados. Por las buenas o por las malas.

El conocimiento de uno mismo es como una montaña con varias vertientes y los caminos que toma son muy distintos unos de otros. La interpretación de los recuerdos de la infancia constituye desde ese punto de vista, una "vía real". No es de las más cómodas, estoy de acuerdo, pero ciertamente es una de las más fecundas. Y si parece exigente, lo es en la medida de las obligaciones metodológicas o científicas que impone.

APÉNDICE:
EL ANÁLISIS DE LOS RECUERDOS
DE LA INFANCIA
EN LA PSICOTERAPIA

«Es en mí mismo donde sucede todo eso, en el inmenso palacio de mi memoria. [...] Ahí es donde me encuentro conmigo mismo, donde me acuerdo de mí mismo [...]; ahí es donde están todos mis recuerdos, los que se basan en mi experiencia o los que tienen su origen en mi fe en los demás.»

SAN AGUSTÍN
Las confesiones[1]

UN MUNDO DE VALORES

Antes de concluir definitivamente quisiera decir algunas palabras a propósito de los profesionales de la salud (psiquiatras, psicólogos, psicoterapeutas, personal de enfermería, de los servicios de psiquiatría...) que tienen que trabajar con sus pacientes sobre los recuerdos de la infancia y quisieran recurrir a mi método de análisis e interpretación. Pienso especialmente en quienes acaban de iniciar su andadura profesional en este campo. Para ello hablaré de mi experiencia profesional en consulta, en psicoterapia analítica, entendiendo que corresponderá a cada uno sustituir y adaptar lo que se dirá a su propia práctica profesional.

Cuando una persona se arma de valor para venir a la consulta es que generalmente atraviesa una crisis identitaria lo suficiente importante o que tiene un problema que considera grave. A menudo habrá pospuesto la decisión de acudir todo el tiempo posible y pedirá cita cuando se sienta entre la espada y la pared.

Nuestra primera tarea consiste en entender lo que la persona viene a depositar en el gabinete del psicoterapeuta. Los problemas expuestos no tienen obligatoriamente que ser los problemas reales que motivan su venida, sino problemas de un orden más general, menos incriminatorios, problemas que podrían clasificarse, parafraseando a Freud, de problemas-pantalla. *Cierta* gota de agua ha hecho desbordar *cierto* vaso. Ahora bien, es importante señalar que esta gota no tiene por lo general y paradójicamente nada que ver ni con el agua ni con el vaso. El *agua* es el baño psicológico, la multiplicidad de los problemas en los que vive la persona. El *vaso* es el umbral de tolerancia, los límites, el grado de aguante del estrés soportado. La *gota* será, por ejemplo, una cita no respetada, una bronca injustificada, la enésima desilusión, el enésimo insulto, la enésima traición.

Cuando he dejado pasar el tiempo suficiente para que la persona verbalice lo que lleva en el corazón y he empezado a entrever su problema, le pregunto qué espera de mí. Eso prefigura, de alguna manera, el primer contacto tácito entre ella y yo. «Vengo a verle porque ya no sé dónde estoy», o: «Quiero que me ayude a comprender lo que me sucede», o: «Quiero salvar la relación con mi pareja de todas todas», o: «Me siento muy mal y no puedo con ello a solas», o incluso: «¿Una pregunta? Pero si no tengo ninguna pregunta». Detrás de un proceso psicoterapéutico siempre hay una pregunta, pero puede que el consultante no la conozca. «No saben que saben», decía justamente Jacques Lacan. Por ello hay que aceptar ese estado provisional de cosas. Si la primera consulta permite establecer un semblante de orden de los elementos que se han expresado, ya estará pero que muy bien.

Si la persona viene a la consulta con una cuestión precisa, yo oriento, naturalmente, esta hacia la temática que se presenta, evitando precipitarme sobre las informaciones facilitadas. En psicoterapia hay que escucharlo todo, incluso –y tal vez sobre todo– lo que no se dice.

Si tengo la sensación de que el proceso es confuso, está mal orientado, es paradójico y contradictorio, o que la persona intenta teledirigirme, puedo decidir cambiar el ritmo de la consulta pidiéndole que me cuente uno, luego dos y luego tres recuerdos de su primera infancia, e incluso un cuarto o un quinto. Como ya mencioné anteriormente, la reacción frente a la petición de recuerdos suministra informaciones muy valiosas (incluso más valiosas que las formuladas precedentemente) que permiten dirigir la anamnesia de manera distinta. En ese momento crucial, todavía tenemos peso en el intercambio. Instantes después, o a la siguiente sesión, la persona podrá *pasearnos* en la dirección que quiera. Durante el "duelo argumental sobre los valores", el paciente prevalece cuatro veces sobre cinco, por no decir más, pues conoce muy bien sus problemas y ya ha explorado a fondo, a menudo durante bastantes años, todos los recovecos de sus resistencias. El psicoterapeuta podrá recuperar peso al hilo de las sesiones, pero eso implicará, al menos, una pérdida de tiempo, y como peor escenario, un ascendente sobre él que convertirá el trabajo psicoterapéutico en bastante más difícil.

El poder recurrir bastante pronto a los tres o cuatro recuerdos de la infancia me permite disponer de un sedimento fresco, no contaminado por el discurso transferencial y contra-transferencial propio a toda consulta. De alguna manera es una plataforma, o una escala de reserva, que a partir de entonces podría utilizar si las consultas decaen o se estancan. Al mismo tiempo, eso constituye para mí una línea de referencia a la que podré regresar para recordar un elemento particular de la problemática de base de la persona, o para evaluar el camino ya recorrido y recordarle a esta cuáles eran los problemas de entrada. Los recuerdos de la infancia indican un estado de ánimo en un momento dado. ¿Es siempre el mismo? ¿Evoluciona? ¿Ha cambiado la naturaleza de los problemas a los que se enfrenta hoy la persona?, etcétera.

UNA EXPLORACIÓN DE LA PERSONALIDAD

Los recuerdos de la infancia nos facilitan informaciones que a menudo la propia persona desconoce. Al recopilarlas con consciencia y agudeza, el terapeuta debe evaluar lo que la persona que tiene enfrente es capaz de comprender sobre sí misma y lo que de momento le resultará imposible de admitir. Si, por ejemplo, los recuerdos de la infancia muestran que probablemente ha tenido un problema con el padre (o la madre, o la hermana, o el hermano…), aunque en la actualidad mantiene una relación muy simbiótica con ese padre, podría ser inoportuno o torpe revelar esa información "a lo bestia".

Cuando analizo los recuerdos utilizando mi método, siempre me tomo un poco de tiempo para explicar *después* el sentido de mi enfoque. Hablo de la estructura dinámica de los recuerdos y de las posibilidades de comprensión insospechadas que contienen, expongo sin detallar demasiado lo que es el principio de nuclearidad y el de desplazamiento, me entretengo un poco sobre la presencia o ausencia de la nuclearidad básica en el seno de sus recuerdos, etcétera.

El tono y la manera de abordar este análisis y esta interpretación son importantes. Es una especie de exploración de la personalidad, nada de recuerdos de la infancia interpuestos, ni tampoco es un detector de mentiras ni un revelador de neurosis infames. Lo que importa es utilizar lo que resalta del análisis de los recuerdos para extraer los aspectos constructivos del problema o de la crisis que la persona atraviesa. Sabemos que en psicoterapia la confianza es esencial, sobre todo en los primeros compases del proceso, para la persona que consulta, sea cual sea la parte de placebo inducido por esta posición.

Los puntos difíciles o delicados que revela el análisis de los recuerdos no están ahí para aterrar a la persona o para dejarle la moral por los suelos. Bien al contrario, vamos a mostrarle imágenes interesantes y útiles de las que podrá extraer una enseñanza bien concreta.

El análisis y la interpretación de los recuerdos de la infancia revela rasgos de carácter, temperamentos, actitudes, comportamientos, problemas, incapacidades o sentimientos de fracaso que, en regla general, la persona siente con gran intensidad interiormente, pero que cree no transparentar, es decir, que intenta ocultar cuidadosamente. Cuando el análisis revela esas huellas o esos comportamientos, si no nos hemos asegurado antes de establecer el cuadro teórico en el que se inscribe este análisis, este se arriesga a ser asimilado con un juego de triles[2] más que con un proceso psicológico pertinente. Siempre deberemos esforzarnos en fundamentar lo que avancemos de manera muy transparente, comunicando a la persona la evolución de pensamiento, de tal manera que mantenga la impresión de que verdaderamente se trata de un análisis y no de una predicción de una echadora de cartas. Para mí, si un recuerdo no me dice nada, me abro con la persona y se lo digo con claridad, pues sé que no me guardará rencor por ello.

Anticipar o confirmar la anamnesia

Puedo elegir recurrir al análisis de los tres recuerdos de la infancia para anticipar la anamnesia o para confirmarla.

• *Anticipación*. Recuerdo si la persona que tengo enfrente está a punto de teledirigirme, o de resistirse excesivamente, si siento que yo podría estar teniendo una actitud demasiado subjetiva o protectora hacia ella como podría suceder con una personalidad famosa, o mediática, o perteneciente al entorno de una personalidad (el hijo de tal político, la esposa de tal médico famoso, etcétera). La petición de recuerdos de la infancia servirá, pues, para hacer provisión de elementos con el fin de analizar antes de que el discurso admitido acabe tapando la realidad sensible del malestar que está viviendo.

Hay ocasiones en que no recurro al análisis de los tres recuerdos, como cuando el contenido comunicativo y el intercambio interpersonal ya son tan ricos que no aportaría nada nuevo, e incluso incidiría de manera negativa en la calidad del intercambio. Querer que los intercambios entren a toda costa en un esquema muy preciso siempre acaba anquilosando un poco las cosas. Yo evalúo la oportunidad de orientar el encuentro hacia el análisis de los tres recuerdos en el momento, decidiendo si llevarlo a cabo, o si es mejor dejar discurrir la consulta tal y como se desarrolla.

• *Confirmación*. Un psicoterapeuta veterano no necesita recurrir a ningún método para detectar qué tipo de patología (histérica, obsesiva, paranoide o esquizoide, depresiva, limítrofe, dependiente, etcétera) presenta. La personalidad, el carácter y el comportamiento del sujeto, en el curso de la consulta, hablan generalmente por sí mismos.

Debo decir que, sin embargo, el análisis de los tres recuerdos de la infancia acostumbra a ser muy útil a la hora de corroborar o invalidar los resultados del trabajo de anamnesia o mi intuición. Es, me atrevería a decir, una materia que no cuesta cara en términos de tiempo y que permite disponer de una herramienta de comprensión suplementaria y muy valiosa.

Ni que decir tiene que, tratándose del análisis y la interpretación de recuerdos de la infancia, el especialista debe poder —en cualquier momento que lo juzgue oportuno— poner en entredicho el edificio de pensamiento y deducción construido en caso de aparecer una información inesperada. Más vale no empeorar las cosas con el pretexto de querer insistir en la propia interpretación de los elementos de que se dispone. Utilizando una imagen, es como si se circula en coche y se adelanta un vehículo. Si durante el adelantamiento se produce un suceso inesperado, no hay que dudar en frenar y regresar a la fila hasta que se presente la siguiente ocasión para efectuar la maniobra con total seguridad.

Este método de análisis e interpretación de los recuerdos de la infancia constituye un acelerador y verificador. En primer lugar, permite un barrido rápido de las tendencias psicológicas de la persona y un reconocimiento de las dificultades y los límites intrínsecos que encuentra en la vida. Por otra parte, también evidencia muy bien la sintomatología y las tendencias neuróticas que pueden derivar, aunque estas pudieran establecerse a través de otros medios.

Es una buena "socioscopia", en la medida en la que nos informa sobre los tipos de esquemas relacionales vividos por la persona en su infancia (nuclearidad) y la manera en la que eventualmente ha llegado a compensarlos cuando se tornaron difíciles, inadaptados, carenciales o invivibles. Los recuerdos de la infancia son, en este caso, una verdadera mina de informaciones acerca del grado de abertura de la persona a los demás y al mundo.

Nos informan sobre las relaciones que la persona mantiene con su cónyuge, sus familiares o sus íntimos, pero también sobre cómo considera su relación con el mundo. Al cruzar los elementos del principio de nuclearidad con los de desplazamiento, se transparentan sus tendencias de comportamiento (actitud temerosa o valiente frente a la vida, forma de afirmarse frente a los demás, capacidad de acción o de reacción, etcétera). En conjunto, lo que se dibujará ante nosotros será la curva de su madurez psíquica.

Dado que los recuerdos evolucionan –como señaló Alfred Adler– con la situación vivida *hic et nunc*, de vez en cuando me parece interesante regresar a los tres recuerdos de la infancia, es decir, a pedir tres más, de manera que pueda controlar dónde se halla la persona en su evolución desde el principio de la terapia. Sin llegar a realizar un proceso de control sistemático o estadístico, eso permite señalar la evolución cuyo motor es la persona que está en la consulta. Al memorizar o apuntar los tres recuerdos de la infancia al inicio de su terapia, puedo mostrarle cuando sea necesario, lo que traducen sus recuerdos evocados en aquel momento y el estado de evolución alcanzado en el presente. Si la persona vive una fase regresiva, el análisis y la interpretación de tres nuevos recuerdos de la infancia serán para mí un indicador de la esfera vital en la que esa regresión está a punto de suceder. En este caso, normalmente serán los elementos resultantes del principio de desplazamiento los que me pondrán al corriente (recuerde: nuclearidad = seguridad; desplazamiento = expansión).

CATEGORÍAS DE EDAD Y
SENTIMIENTO DE HISTORICIDAD

Ahora debo hablar sobre las categorías de edad en las que intervienen los tres recuerdos, pues estas proporcionan informaciones interesantes sobre el "sentimiento de historicidad" de la persona. Llamo *sentimiento de historicidad* al sentimiento que experimentamos acerca de vivir con mayor o menor intensidad durante la totalidad de nuestro tiempo, es decir, integrando armoniosamente pasado, presente y futuro en nosotros.

Es necesario distinguir, por una parte, lo que esas categorías expresan por sí mismas y cuya interpretación puede revelar puras perogrulladas y, por otra parte, lo que pueden revelar que sea realmente interesante desde un punto de visto fenomenológico con respecto a los problemas de fondo de la persona. Es obvio que no es necesario ser un gran brujo para deducir que un recuerdo de la primerísima infancia se situará alrededor de la edad de uno o dos años y que llevará en él sobre todo la marca del principio de nuclearidad antes que la del principio de desplazamiento, en la medida en que se trata de una edad en la que uno está más inclinado a mamar del pecho de su madre que a lanzarse a la conquista de los mares. En cambio será muy interesante observar el ambiente en el que se inscribe el recuerdo, las personas que hace intervenir, el género de anécdotas subyacentes, etcétera. Si alguien me dice: «Hacia el año de edad me llevaron a casa de mi abuela, pues mi madre iba a dar a luz. Recuerdo que tenía mucho miedo porque creía que no la volvería a ver más», veo que ese recuerdo contiene elementos que, sin duda, podrán ser de utilidad en la comprensión de conjunto de esta persona. Una de mis amigas, Josette, me contó una sesión en el fotógrafo, cuando tenía poco más de año y medio. Se acordaba de que el hombre hacía payasadas por detrás de la cámara para hacerla reír, pero que a ella no le parecía nada graciosa esa actitud. Recuerda haber dicho en un momento: «¿Por qué ese de ahí está haciendo el idiota? ¡Parece un tonto!». Lo importante no es saber si un niño de esa edad dispone ya de un vocabulario tan diferenciado, tal vez la niñita lo dijo en su jerga. Lo que importa es el recuerdo preciso que ha mantenido.

La categoría de la vida más rica en cuestión de recuerdos de la infancia se sitúa, por regla general, alrededor de entre cuatro y seis años. Como acabamos de ver con Josette, algunas personas tienen recuerdos de la infancia que se remontan más lejos. Aunque algunos recuerdos son discutibles, ya que pudieran haber sido inducidos por el discurso parental o familiar, no es menos cierto que otros pueden ser memorizados a edad bien temprana. De la misma manera, los psicoterapeutas a veces escuchan a personas que dicen que carecen de recuerdos importantes de antes de la edad de diez o doce años. Puede tratarse de una resistencia por parte de esa persona, que no *quiere* acordarse, o incluso de una negación de uno mismo o de una técnica de autodescrédito («Ya ve, soy tan nulo que ni siquiera tengo nada que contarle»), pero también sucede que algunas personas *amnesian* inconscientemente una parte de su infancia. Las razones subyacentes para esta asombrosa *amnesia* deberán, por lo general, buscarse en la psicología de conjunto de la persona (por ejemplo, ¿para qué sirve acordarse de nada?). En este caso, como ya he dicho en algún otro sitio, sean cuales fueren las razones (traumatismo, desgracias familiares, cambio de la situación familiar, pérdi-

da temprana de un ser muy querido…) me esforzaría en conducir con mucha precaución y benevolencia el lento ascenso
hacia la superficie de esas personas, durante tanto tiempo en
apnea de ellas mismas.

• Cuando la franja de recuerdos de la infancia se sitúa alrededor de un año de edad, considero que la trama mnésica es
más bien excepcional. Aunque puede ser acogida como una
proeza, convendría maniobrar con mucha prudencia respecto
a esos recuerdos de la primera infancia, pues casi siempre ha-
rán referencia a la madre, ese primer gran Otro, y de manera
más específica a la relación diádica que ha constituido con su
bebé. Como es de imaginar, las informaciones concernientes
a esta época precoz estarán, claro está, teñidas de emoción.
A estos recuerdos suelo denominarlos *recuerdos cartílagos*,
pues su consistencia es todavía frágil. Lo esencial del mate-
rial analizable se desarrolla en la esfera de la seguridad y lo
afectivo, a menudo teñido de oralidad. Teniendo en cuenta la
edad de la que provienen estos recuerdos, parece algo natural.

• Los recuerdos de la infancia en la franja entre uno y
tres años traducen un buen sentido de la historicidad. Suelen
ser indicadores, también ellos, de un medio parental y familiar receptivo y asegurador. La nuclearidad básica desempeñará aquí un importante papel, mostrando cómo y hasta qué
grado habrá el niño invertido en la relación con la madre, el
padre y los hermanos, en primer lugar, y luego con el resto
de la familia. El desplazamiento estará presente pero de forma menor. Es fácil de comprender: salvo excepción, se trata de una edad donde el niño está todavía muy *encapullado*
y poco dado a la exterioridad (pueden encontrarse recuerdos
del tipo: «Cuando papá volvía a casa», o: «Miraba por la ventana los coches que pasaban», etcétera).

• Cuando los recuerdos se sitúan entre tres y seis años, considero que esa persona suele estar habitada por sus recuerdos. En ese caso es de esperar un equilibrio bastante marcado entre el principio de nuclearidad y el de desplazamiento. A esa edad el niño multiplica sus experiencias sociales. Aunque hay que seguir contando con que el jardín o el patio (mediadores entre el mundo interior y el exterior) desempeñan un importante papel en esta edad, también el mundo exterior empieza a tomar forma. Guarderías y parvularios señalan o ya forman parte del camino hacia el gran mundo.

• Los recuerdos que pueden incluirse en la franja entre seis y doce años son muy evocados. Hay que señalar que en esta franja la persona se siente más interpelada por la anécdota, la acción o la atmósfera del recuerdo, que por el trasfondo emocional. A partir de cierta edad, los elementos de desplazamiento toman precedencia sobre los relativos a la nuclearidad.

CAMPOS DE APLICACIÓN Y PERSPECTIVAS

Este método hallará su terreno de aplicación en numerosos campos de la psicología y la psicoterapia, en todos los enfoques (terapias de entrevista, analíticas, conductistas, familiares, sistémicas...). De cara a los especialistas convendría saber qué tipo de poblaciones tratan en su propia actividad profesional, para a continuación juzgar en qué circunstancias, con qué intención y con qué pertinencia pueden recurrir a este método de los tres recuerdos. Sea cual fuere la edad de las personas con las que trabajan (niños, jóvenes, adultos de edad más madura, personas de edad), deberán reconocer en cada ocasión las dos dimensiones de nuclearidad y desplazamiento, con todos sus matices.

La prevención y protección de la infancia podría hallar excelentes bases de trabajo desde las que instaurar un diálogo dinámico con niños o adolescentes, en particular en los casos de traumatismos de la primera infancia. Respecto a las terapias infantiles, mi método de análisis e interpretación de los recuerdos de la infancia será sin duda de gran utilidad al principio del trabajo (no obstante, no antes de la segunda e incluso tercera sesión), pues sus recuerdos suelen mantener por lo general un eco directo con su vivencia más actual. Hacer contar recuerdos de la infancia a niños de ocho a diez años puede parecer curioso, pero no hay que dudar en hacerlo pues, cuando sienten confianza, lo cuentan todo con simplicidad y mucha transparencia. Si se añade un toque de humor, se muestran muy predispuestos y curiosos.

Finalmente me gustaría señalar que, junto con otros enfoques y pruebas de la personalidad, mi método de análisis e interpretación de tres recuerdos de la infancia puede resultar muy útil a la hora de hacer balance (psicológico, de competencia...), pues informa con mucha precisión acerca de las tendencias sociales y dinámicas de la persona. No obstante, habría que asegurarse del marco deontológico en que se inscribirá este proceso, ya que se alcanzan rápidamente esferas privadas e incluso íntimas que van más allá de una simple cartografía de la personalidad o del carácter.

UNA CIENCIA DE LOS RECUERDOS

Los parámetros de mi método son aplicables a todos los seres humanos, sean cuales fueren sus orígenes. Igual que todas las personas sobre la Tierra respiran, comen, beben, duermen y sueñan, también todas tienen recuerdos en los que piensan, consultan, o que olvidan. Con independencia de la región del mundo a la que pertenezca la persona, en la estructura dinámica de sus recuerdos puede reconocerse los dos principios de nuclearidad y desplazamiento, aunque la textura de los recuerdos se vista con hábitos religiosos, o aunque se halle enmascarada mediante creencias o supersticiones.

Todo ser humano ha tenido padres, o referentes parentales (padres de adopción, hermanos o hermanas mayores, tutores u otras personas que ocupan esa función). Todo ser humano ha vivido en el seno de una constelación familiar y social más o menos estructuradas. Todo ser humano ha tenido problemas de posicionamiento respecto a esas personas de referencia (nuclearidad), y al ser conducido a descubrir y entrar en el mundo exterior (desplazamiento).

En las personas originarias de culturas muy patriarcales (por ejemplo, de Oriente Próximo), así como en aquellas donde el culto a los antepasados en muy importante (cultura oriental, índica…), puede presumirse que la nuclearidad de tipo clásico revestirá una importancia más clara que en nuestras culturas occidentales. Por el contrario, parece bastante lógico poder imaginar que el desplazamiento desempeñará un papel más específico entre las gentes que viajan, por ejemplo. No obstante, aparte de esas diferencias fáciles de graduar, no hay nada que me parezca determinante y que pudiera tornar imposible la dinámica de los dos principios de nuclearidad y desplazamiento.

La presente obra quiere ser una metodología de análisis e interpretación a partir de tres recuerdos de la infancia. Las herramientas presentadas proceden de un desarrollo que no debe nada a conjeturas ni especulaciones. No existen recuerdos imputables al azar, escribía Adler. Tampoco su interpretación puede revelar coincidencias ni fantasías. En la medida en la que el principio de nuclearidad y el de desplazamiento suministren un sistema de referencia y una posibilidad de verificación que permitan al especialista o practicante poner en correlación las informaciones recibidas, se podrá calificar esta interpretación de *ciencia*, al mismo nivel que se ha podido hablar de una *ciencia de los sueños*, una ciencia en la que me he apoyado hasta cierto punto.

Este libro presenta el estado actual de mis trabajos y observaciones, y no constituye un resultado final sino una introducción. Creo que sería útil ampliar los caminos de investigación iniciados en la primera obra de cara a las numerosas ramas que podrían utilizarla. El camino está abierto.

NOTAS

PARTE I: ANTECEDENTES
EN EL ESTUDIO DE LOS RECURSOS

1. Recuerdos, recuerdos

1. «Personalmente, nunca empiezo a explorar una personalidad sin preguntarle por su primer sueño», *What Life Should Mean to You*, Capricorns Books, G.P. Punam's Sons: Nueva York, 1958, pág. 125. Traducción francesa: *Un idéal pour la vie*, L'Harmattan.

2. «Según esta técnica, no debemos conceder una gran importancia especial a nada de lo que escuchemos y conviene que prestemos a todo la misma atención "flotante"», *La Technique psychanalytique*, consejos a los médicos, PUF: París, 1953, pág. 63

3. Es famosa la frase de Wilhelm Dilthey cuando intentaba establecer la distinción entre las ciencias de la naturaleza y las del espíritu: «La naturaleza la explicamos, mientras que la vida psíquica la comprendemos». W. Dilthey, *Introduction à l'étude des sciences humaines*, PUF: París, 1942, pág. 154.

4. Friedrich Nietzsche, *Aurore. Réflexions sur les préjugés moraux*, Hachette Littératures, «Pluriel»: París, 2004, § 55, pág. 65.

5. Henri Bergson, *L'Énergie spirituelle*, PUF, «Quadrige»: París 1919, págs. 52 y 57.

6. Citado por Ludwig Binswanger, en *Introduction à l'analyse existentielle*, Minuit: París, 1971, pág. 61.

7. En 2004, Philippe Villemus publicó en Desclée De Brouwer lo que considero un pastiche sobre el mismo tema, titulado *J'ai oublié*. Empieza diciendo: «He olvidado la marca de las primeras botas de fútbol de tacos que me compró mi madre tras ahorrar varias semanas», y acaba con el 4.451 olvido: «He olvidado mis sueños de niño, pero no los de mi adolescencia».

8. Carl Gustav Jung, *Psychologie de l'inconscient*, Librairie de l'Université, Georg & Cie: Ginebra, 1978, pág. 123.

9. Friedrich Nietzsche, *Par-delà le bien et le mal. Maximes et interludes*, Hachette Littératures, «Pluriel»: París, 2004.

Parte ii: En las profundidades DE LOS RECUERDOS

2. *Los sueños y los recuerdos*

1. «En una época que podríamos denominar precientífica –escribió–, la humanidad no tenía necesidad de esforzarse en interpretar sus sueños. A esos que se recordaban tras despertarse, se los consideraba como una manifestación benevolente u hostil de los poderes superiores, dioses o demonios», Sigmund Freud, *Le Rêve et son interprétation*, Gallimard, «Folio»: París, 1985

2. También he hallado una abundante bibliografía respecto a los sueños en un extracto del libro publicado en Internet con el título *Histoire des recherches sur le rêve: un inédit de 1801 fait la jonction entre la conception ancienne et moderne du rêve*, por el profesor Yehoshua Rahamim Dufur (http://www.modia.org/publications/desjardins.html).

3. Stefan Zweig, *Freud*, Stock, «Stock Plus»: París, 1978, pág. 100.

4. Sigmund Freud, *Psychopathologie de la vie quotidienne*, Payot: París, 1981, pág. 51 y ss.

5. Alfred Adler, «La vie onirique», en *Un idéal pour la vie*, L'Harmattan: París, 1991, pág. 146 y ss.

6. Jean-Yves y Marc Tadié, *Le Sens de la mémoire*, Gallimard, «Folio»: París, 1944, pág. 204.

7. Sigmund Freud, *Essais de psychanalyse*, Payot: París, 1975.

8. Creo que eso es lo que ha hecho que el traductor y comentarista del libro *El sentido de la vida* haya precisado en una nota a pie de página: «La desconcertante facilidad con la que Alfred Adler parece adivinar no procede de la generalización abusiva de un patrón de lectura, establecido de una vez por todas, sino de la experiencia clínica adquirida que le permitía trazar el cuadro general de un caso e insertar cada detalle de manera que el sentido se adecuase al del contexto. Se trata de un método [...] en el que los detalles no adquieren un valor fiable más que cotejándolos con el resto de rasgos».

9. He analizado esta cuestión en profundidad en mi libro *Parents/enfants: pourquoi ça bloque?*, Dangles: Saint-Jean-de-Braye, 1996.

10. Un sitio web quebequés muy bien hecho donde encontrará más información acerca del proceso de puesta en marcha de un proceso de desarrollo de la autoestima en un colegio: www2.csmb.qc.ca/estimedesoi.

3. La memoria, el recuerdo y el olvido

1. Sigmund Freud, *Psychopathologie de la vie quotidienne, op. cit.*, capítulo 7, «Oublie d'impressions et de projects», pág. 144.
2. Carolyn Rovee-Collier, Scott Adler, *La Recherche*, número especial: «La mémoire», n.º 267, 1994, pág. 740.
3. *La Recherche*, «Alzheimer: cerveau sans mémoire», número especial 10, enero de 2003.
4. Fuente: http://www.lefigaro.fr/sciences/20020718.FIG0089
5. Jean-Yves y Marc Tadié, *Le Sens de la mémoire, op. cit.*, pág. 308.
6. Sigmund Freud, *Psychopathologie de la vie quotidienne, op. cit.*, pág. 144.
7. *ATD Quart Monde*, en su informe de junio de 2005 (n.º 340), señala que la esperanza de vida en Francia para las mujeres es de 83,8 años y para los hombres 76,7.
8. Por ejemplo: el Centro de Desarrollo de la Eficacia Mental, de París.
9. David Servan-Schreiber, *Guérir*, Pocket: París, 2005, pág. 155.
10. Sigmund Freud, *Psychopathologie de la vie quotidienne, op. cit.*, capítulos 1-4.
11. Citado en *Molecular Psychiatry*, febrero 2002: http://content.naturesj.com/content/templates/el/el_searchexpand.htm?
12. Sigmund Freud, *Psychopathologie de la vie quotidienne, op. cit.*, pág. 51 y ss.
13. Fuente: http://www.tregouet.org/article.php3?id_article=388
14. Antoine Guédeney, en *Ces enfants qui tiennet le coup*, «Donner du sens à une expérience insensée», Hommes et Perspectives: Revigny-sur-Ornain, 1998, págs. 22-23.
15. Marie Cardinal, *Les Mots pour le dire*, Le livre de poche, París, 2004.
16. La palabra dialéctica debe entenderse aquí en su sentido contemporáneo. Mi minidiccionario *Les Termes philosophiques* (Marabout: París, 1990) dice: «Se habla de dialéctica para designar sistemas de pensamiento donde varios elementos están en relación entre sí».

4. El alma de los recuerdos

1. Carl Gustav Jung, *L'Âme et la Vie*, Buchet/Chastel: París, 1963, pág. 333.
2. Antoine de Saint-Exupéry, *Le Petit Prince*, Gallimard: París, 1999, pág. 72.
3. En psicología, una díada es una pareja de dos sujetos en interacción. A partir de ahora, cuando hable de la tríada, se tratará del trío madre-padre-hijo.

4. Dominique Simonnet, *Vivent les bébés! Ce que savent les petits d'homme*, capítulo 3, «La naissance des sens», Le Seuil, «Points actuels»: París, 1983, pág. 54.

5. Didier Dumas, *Et l'enfant créa le père*, cap. I: «Le foetus et son père», Hachette littérature: París, 2000, pág. 18.

6. Christiane Olivier, *Les Enfants de Jocaste. L'empreinte de la mère*, Denoël: París, 2001, pág. 177.

7. Juan David Nasio, «Edipo: un mito indispensable», en *Journal des psychologues*, septiembre 1994.

8. Mi expresión no acaba de ser justa, pues los abuelos ya forman parte de la familia extensa. En *Le Dictionnaire des thérapies familiales. Théories et pratiques*, Payot: París, 1987, Jacques Miermont escribía: «La familia extensa designa a miembros de la familia como abuelos, tíos, tías, sobrinos, etcétera». He separado a unos y otros, pues los abuelos desempeñan un papel muy concreto en los recuerdos infantiles, lo que no es siempre el caso con el resto de los miembros de la familia en su sentido más amplio.

9. Precisamente por esta razón, no podríamos sumar los recuerdos de sucesos vividos con nuestros abuelos con los vividos con nuestros padres porque son de diferente naturaleza. Mientras que los primeros se relacionan con el placer, los segundos son más próximos a la realidad.

PARTE III: CÓMO LEER E INTERPRETAR LOS RECUERDOS DE LA INFANCIA

5. La nuclearidad madre-padre-hijo en los recuerdos

1. De hecho, existe cierta similitud con lo que dicen sentir las personas al principio de su psicoterapia. Se sienten agobiados a preguntas. A nadie le resulta fácil ser el centro de atención de la conversación; se temen las exageraciones, las opiniones demasiado perentorias, los excesos, las delaciones… Pero al mismo tiempo, ¡qué bien poder hablarle de uno mismo a alguien que estás seguro de que te escuchará e incluso comprenderá!

2. La ciencia demostraría que se activan dos regiones diferentes del cerebro.

6. Los otros componentes activos principales de los recuerdos

1. *Psychologie Heute*, octubre 2004, «Der Sinn der Erinnerung», «Warum wir die Vegengenheit für die Zukunft brauchen», «Die sieben Sünden des Gedächtnisses» («El sentido de la memoria», «Por qué necesita-

mos el pasado para el futuro», «Los siete pecados de la memoria»), pág. 23. Para este número especial con motivo del trigésimo aniversario de la publicación la redacción eligió una cubierta plateada, que daba un efecto espejado, lo que, para un número especial dedicado a la memoria, fue todo un acierto, debo decir.

3. Hugo Hamilton, *Sang impur*, prefacio de Joseph O'Connor, traducido del inglés (Irlanda) por Katia Holmes, Phébus: París, 2004.

4. Alphonse de Lamartine, *Les Harmonies poétiques et religieuses*, «Milly ou la terre natale», Gallimard, «La Pléiade»: París, 1963.

7. *El desplazamiento en los recuerdos*

1. Abraham Maslow, *Vers une psychologie de l'être. L'expérience psychique*, Fayard: París, 1972, pág. 57.

2. La ventana es un elemento muy interesante en los recuerdos, pues es mediadora entre el mundo interior y el exterior. Es el lugar de tránsito de la mirada y de la percepción entre el mundo seguro y nutriente de la casa y el mundo externo que se explora. Como curiosidad, tal vez le interese saber que cuando una mujer se queja de que su esposo participa poco en las tareas domésticas, le aconsejo que le encargue cosas que tengan que ver más con la exterioridad que con la interioridad, que le encargue limpiar los cristales o las compras, o sacar la basura, en lugar de pedirle que limpie el polvo o friegue el suelo. ¡Pero cuidado! Eso no siempre funciona.

3. Se habrá fijado en lo incómodo que se siente todo el mundo cuando se trata de tomar el ascensor en unos grandes almacenes. Esta proximidad artificial con los demás, el hecho de estar en manos de una mecánica externa, el *peligro* potencial que se corre con ello provoca que ninguno de los que estamos allí haga gala de un comportamiento "normal". Una persona mira el reloj, otra hace como que busca algo en el bolsillo, una tercera finge interesarse en el cuadro de luces donde aparecen los pisos, etcétera. Finalmente, quisiera rectificar algo: algunos dicen tener miedo al ascensor. De hecho no se trata de miedo a los ascensores, sino del "descensor", pues es caer lo que les angustia.

4. Franz Kafka, «Le terrier», en *La Colonie pénitentiaire et autres récits*, Gallimard, «Folio»: París, 1991, pág. 115.

5. Creo que eso es lo que hizo que a los pedagogos se les ocurriese la idea de los primeros jardines de infancia que a menudo, hay que reconocerlo, no tienen de "jardín" más que el nombre. Lo esencial es ofrecer a los niños una estructura de acogida en la que pudieran llevar a cabo sus experiencias sociales e interpersonales con otros niños de su edad.

6. A veces los padres llegan a conclusiones bien absurdas. La réplica del padre de Didier me recuerda un chiste muy malo, pero representativo de esas reducciones de pensamiento. Se trata de un hombre que todas las mañanas hacia las seis se dirige a la vía férrea, provisto de un frasco, y que vierte un misterioso líquido entre las vías. Un vecino asiste a este ceremonial cotidiano desde lo alto de su ventana. Un día, sin poder aguantar ya más, baja a hablar con aquel tipo y le dice: «Llevo varios días observándole y me pregunto qué hace con ese frasco». «Muy sencillo –dice el otro–. El producto que pongo en las vías permite mantener a distancia a los elefantes.» El vecino contesta: «Pero oiga, ya hace mucho tiempo que vivo aquí y nunca he visto ningún elefante». «Ah, ¿lo ve? ¡Señal de que funciona!»

7. Una anécdota: cuando se trató de dar un nombre a la sonda que los estadounidenses enviaron a explorar el espacio, los científicos no se equivocaron; la llamaron *Voyager* (viajera). En efecto, el objeto no era enviar una sonda al espacio, sino conseguir que remitiese fotos, lo cual ha hecho a la perfección.

8. Ejemplos de interpretación de los recuerdos de la infancia

1. Tal vez recuerde esta célebre lección: «Se pueden poner [las palabras] primero como lo habéis dicho: Bella marquesa, vuestros hermosos ojos me hacen morir de amor. O bien: De amor me hacen morir, bella marquesa, vuestros hermosos ojos. O bien: Vuestros ojos hermosos de amor me hacen, bella marquesa, morir. O bien: Morir vuestros hermosos ojos, bella marquesa, de amor me hacen. O bien: Me hacen vuestros hermosos ojos morir, bella marquesa, de amor…».

2. Por "sublimar" entiendo: desviar un deseo hacia un objeto socialmente aceptable.

3. Sigmund Freud, *Le Rêve et son interprétation, op. cit.*, pág. 2.

Parte iv: Las heridas

9. Historia verdadera, historia falsa

1. Anne Ancelin-Schützenberger, *Aïe, mes aïeux*, Desclée de Brouwer, «La méridienne»: París, 1993.

2. *Ibíd.*, pág. 21

3. *Ibíd.*, págs. 59-60.

4. Pienso en particular en los trabajos, interesantes desde cierto punto de vista, pero muy controvertidos, del psicólogo Hubert van Gijseghem,

profesor titular de la Escuela de Psico-educación de la Universidad de Montreal. Le aconsejo que consulte el sitio de Internet: www.sosfemmes.com/infos/infos_archives30_humanisme_pedocriminalite.htm, en el que podrá leer en particular un artículo de Léo Thiers-Vidal, titulado «Humanisme, pédocriminalité et résistance masculiniste» («Humanismo, pedocriminalidad y resistencia masculinista»), que pone en entredicho los trabajos del psicólogo canadiense.

10. El recuerdo y el traumatismo

1. Tim Guénard, *Tagueurs d'espérance*, Presses de la Renaissance: París, 2002.

2. Puede parecer increíble, pero sólo hace una veintena de años que se ha empezado verdaderamente a mostrar interés por el traumatismo sufrido por los niños. En un artículo titulado: «Trastornos psicotraumáticos del niño», el psiquiatra Gérard López explica: «El estado de estrés postraumático (ESPT) sólo ha sido reconocido en la década de 1980 por la Asociación Americana de Psiquiatría. A partir de entonces –sigue diciendo–, el ESPT constituye el trastorno psiquiátrico más diagnosticado entre los niños que han padecido un suceso traumático». *Progrès en pédiatrie*, n.º 17, Pédiatrie sociales, Doin Éditeurs: Rueil-Malmaison, 2004, pág. 265.

3. Susan Forward, *Parents toxiques. Comment échapper à leur emprise*, Marabout: París, 2002.

4. Con este motivo he creado un *blog* específico en Internet, una especie de santuario de recuerdos, para permitir a quienes lo deseen deshacerse anónimamente de un recuerdo de la infancia demasiado doloroso o demasiado presente, compartiéndolo con otras personas tan anónimas como ellas. Para conocer la dirección consulte el final del libro, en «Información práctica».

5. Marcel Rufo, *Oedipe toi-même*, Le Livre de poche: París, 2002.

6. Tim Guénard, *Tagueurs d'espérance, op. cit.*, pág. 12.

7. Citado por Anne Ancelin-Schützenberger, en *Aïe mes aïeux, op. cit.*, pág. 112.

8. «La desigualdad de los traumatismos nos lleva a pensar que la historia no es un destino», en Boris Cyrulnik, *Un merveilleux malheur*, Odile Jacob: París, 1996, pág. 16.

9. forum.aufeminin.com/forum/psychol/f44364_psychol-souvenirs-ecrans.html

10. *Féminin Psycho*, especial Padres, «Pédophilie: les murs du silence» («Pedofilia: los muros de silencio»), pág. 110.

11. Alice Miller, *Libres de savoir ouvrir les yeux sur notre propre histoire*, Flammarion: París, 2001. Me siento muy cerca de las concepciones de Alice Miller sobre la "pedagogía negra" y sobre el origen de la violencia. Yo mismo he desarrollado algunas ideas personales sobre la cuestión. Para saber más, le remito al capítulo «Subsidence et complémentarité», del libro *Comment je me suis débarrassé de moi-même, op. cit.*, pág. 174 y ss.

12. *Ibíd.*, pág. 61.

13. *Ibíd.*, pág. 117.

14. «Por ello el análisis tiene por efecto último liberar al enfermo, tardíamente, pero de manera definitiva, de la obsesión del traumatismo del nacimiento, obsesión que nunca desapareció de su inconsciente», *Le Traumatisme de la naissance*, Payot: París, 1976, pág. 15.

11. Recuerdo y culpabilidad

1. Hermann Hesse, *Demian*. Stock: París, 2004, pág. 45

2. Carole Damiani, «La prise en charge des personnes traumatisées» («Ocuparse de personas traumatizadas»), *Culture en mouvement. Le débat*, n.º 35, marzo 2001.

3. Milan Kundera, *L'Art du roman*, Gallimard, «Folio»: París, 1995, pág. 125 y ss.

12. Los recuerdos tienen una función terapéutica

1. Michel Juffé, *Les Fondements du lien social. Sociologie d'aujourd'hui*, PUF: París, 1995.

2. Patrick Estrade, Dervy: París, 2000, pág. 15.

Parte v: Recobrar la propia historia

13. Sus tres recuerdos de la infancia

1. Cuidado, eso también puede corresponder a un conflicto actual que mantenga con algunos de los padres y que hace que le eluda.

14. Como una cortina que se descorre

1. Esta cita estaría extraída del testamento artístico del escultor, del que podrá hallar un extracto en http://www.topiste.com/iN_tensioN/article.php3?id_article=58.

2. Sigmund Freud, *Esssais de psychanalyse appliquée*, Gallimard, «Idées», París; 1976, pág. 163 y ss.

*Apéndice. El análisis de los recuerdos de la infancia
en la psicoterapia*

1. Por necesidades, he debido *concentrar* el fragmento, pero no me acaba de gustar esa práctica. Por preocupación deontológica, lo ofrezco entero aquí: «Es en mí mismo donde sucede todo eso, en el inmenso palacio de mi memoria. Ahí es donde tengo a mis órdenes al cielo, la tierra, el mar y todas las sensaciones que he podido experimentar, salvo las que he olvidado; ahí es donde me encuentro conmigo mismo, donde me acuerdo de mí mismo, de lo que he hecho, del momento, del lugar donde lo he hecho, de las disposiciones afectivas en las que me encontraba al hacerlo; ahí es donde están todos mis recuerdos, los que se basan en mi experiencia o los que tienen su origen en mi fe en el prójimo». San Agustín, *Les Confessions*, Garnier-Flammarion, París, 2004, pág. 211.

2. Juego de tres cartas con el que un estafador y su compadre engañan a los incautos. Las tres cartas se manipulan con gran rapidez sobre una mesa y hay que adivinar donde se encuentra la buena, generalmente el as.

BIBLIOGRAFÍA

Adler, Alfred, *Le sens de la vie*, Payot: París, 1950. [Versión en castellano: *El sentido de la vida*. Barcelona: Miracle, 1941.]
—. *What Life should mean to You*, Capricorns Books, G.P. Putnam's Sons: Nueva York, 1958.
—. *Un idéal pour la vie* («La vie onirique»), L'Harmattan: París, 1991.
—. *Le journal de Claire Macht: Technique de la psychologie individuelle comparée*, Belfond: París, 1981.
Allende, Isabel, *Portrait sépia*, Grasset & Fasquelle: París, 2001. [Versión francesa del original castellano: *Retrato en sepia*. Barcelona: Plaza & Janés, 2001.]
Ancelin-Schützenberger, Anne, *Aïe, mes aïeux*, Desclée de Brouwer, «La meridienne»: París, 1993.
Antier, Edwige, *Vive l'éducation! Ce qui doit changer pour que nos enfants retrouvent le goût d'apprendre*, Robert Laffont, «Réponses»: París, 2003.
ATD Quart monde, «Rapport moral 2004», Quart monde: París, 2005.
Agustín, san, *Les Confessions*, Garnier-Flammarion: París, 2004. [Versión en castellano: *Las confesiones*. Madrid: Akal, 1986.]
Bergson, Henri, *L'Énergie spirituelle*, PUF, «Quadrige»: París, 1919. [Versión en castellano: *La energía espiritual*. Madrid: Espasa-Calpe, 1982.]
Binswanger, Ludwig, *Introduction a l'analyse existentielle*, Minuit: París, 1971.
Cardinal, Marie, *Les Mots pour le dire*, Le Livre de poche: París, 2004. [Versión en castellano: *Las palabras para decirlo*. Barcelona: Noguer, 1976.]
Celine, Louis-Ferdinand, *Voyage au bout de la nuit*, Gallimard, «Folio»: París, 1972. [Versión en castellano: *Viaje al fin de la noche*. Barcelona: Seix Barral, 1983.]
Changeux, Jean-Pierre, *L'Homme neuronal*, Hachette Pluriel: París, 1983. [Versión en castellano: *El hombre neuronal*. Madrid: Espasa-Calpe, 1985.]
Cyrulnik, Boris, *Un merveilleux malheur*, Odile Jacob, París, 1996. [Versión en castellano: *La maravilla del dolor: el sentido de la resiliencia*. Barcelona: Granica, 2001.]

Damiani, Carole, «La Prise en charge des personnes traumatisées», *Culture en mouvement. Le débat*, n.° 35, marzo 2001.

Dilthey, Wilhelm, *Introduction a l'étude des sciences humaines*, PUF: París, 1942. [Versión en castellano: *Introducción a las ciencias del espíritu*. Madrid: Revista de Occidente, 1966.]

Dumas, Didier, *Et l'enfant créa le père*, Hachette litterature: París, 2000.

Estrade, Patrick, *Parents/enfants: pourquoi ça bloque?*, Dangles: Saint-Jean-de-Braye, 1996.

—. *Comment je me suis débarrassé de moi-même. Les sept portes du changement*, Robert Laffont, «Réponses», París, 2004.

—. «Pedophilie: les murs du silence», *Féminin Psycho*, número especial Parents, 2004.

—. *Un reflet d'infini*, Dervy: París, 2000.

Forward, Susan, *Parents toxiques. Comment échapper a leur emprise*, Marabout: París, 2002. [Versión en castellano: *Padres que odian*. Barcelona: Grijalbo, 1990.]

Freud, Sigmund, *La Technique psychanalytique. Conseils aux médecins*, PUF: París, 1953. [Versión en castellano: *Psicoanálisis aplicado y técnica psicoanalítica*. Madrid: Alianza Editorial, 1969.]

—. *Le Rêve et son interpretation*, Gallimard, «Folio»: París, 1985. [Versión en castellano: *La interpretación de los sueños*. Madrid: Biblioteca Nueva, 2 vols., 1931/1934.]

—. *Psychopathologie de la vie quotidienne*, Payot: París, 1981. [Versión en castellano: *Psicopatología de la vida cotidiana*. Madrid: Biblioteca Nueva, 1922.]

—. *Essais de Psychanalyse*, Gallimard, «Idées»: París, 1976.

García Márquez, Gabriel, *Vivre pour la raconter*, Grasset: París, 2003. [Versión francesa del original castellano: *Vivir para contarla*. Barcelona: Mondadori, 2002.]

Guedeney, Antoine, *Ces enfants qui tiennent le coup. Dormer du sens à une expérience insensée*, Hommes et Perspectives: Revigny-sur-Omain, 1998.

Guénard, Tim, *Tagueurs d'espérance*, Presses de la Renaissance: París, 2002.

Hamilton, Hugo, *Sang impur*, Phebus: París, 2004.

Hesse, Hermann, *Demian. Histoire de la jeunesse d'Émile Sinclair*, Editions Stock: París, 2004. [Versión en castellano: *Demian. Historia de la juventud de Emil Sinclair*. Madrid: Alianza Editorial, 1971.]

Hofmannsthal, Hugo von, *Le Chevalier a la rose. La Mort et le Fou*, Gallimard, «Folio»: París, 1997.

Juffe, Michel, *Les Fondements du lien social. Sociologie d'aujourd'hui*, PUF: París, 1995.

Jung, Carl Gustav, *Psychologie de l'inconscient*, Librairie de l'Université, Georg & Cie: Ginebra, 1978. [Versión en castellano incluida en: *La dinámica de lo inconsciente*. Madrid: Trotta, 2003.]

—. *L'Âme et la Vie*, Buchet/Chastel: París, 1963.

Kafka, Franz, «Le terrier», *La Colonie pénitentiaire et autres récits*, Gallimard, «Folio»: París, 1991. [Versión en castellano: *En la colonia penitenciaria*. Madrid: Alianza Editorial, 1995.]

Kundera, Milan, *L'Identité*, Gallimard, «Folio»: París, 2005. [Versión en castellano: *La identidad*. Barcelona: Tusquets, 1998.]

—. *L'Art du roman*, Gallimard, «Folio»: París, 1995. [Versión en castellano: *El arte de la novela*. Barcelona: Tusquets, 1987.]

Lamartine, Alphonse (de), *Les Harmonies poétiques et religieuses*, «Milly ou la terre natale», Gallimard, «La Pléiade»: París, 1963.

López, Gérard, «L'Enfant dans son environnement», *Progrès en pédiatrie*, n.° 17, Pédiatrie sociale, Doin Éditeurs: Rueil-Malmaison, 2004.

Luft, Lya, *Pertes et profits*, Métailié: París, 2000. [Versión en castellano: *Perdidas y ganancias*. Madrid: Aguilar, 2005.]

Maslow, Abraham, *Vers une psychologie de l'être. L'expérience psychique*, Fayard: París, 1972. [Versión en castellano: *El hombre autorrealizado*. Barcelona: Kairós, 1973.]

Merleau-Ponty, Maurice, *Phénoménologie de la perception*, Gallimard: París, «Tel», 2000. [Versión en castellano: *Fenomenología de la percepción*. Barcelona: Península, 1980.]

Miermont, Jacques, *Dictionnaire des thérapies familiales. Théories et pratiques*, Payot: París, 1987.

Miller, Alice, *Libres de savoir. Ouvrir les yeux sur notre propre histoire*, Flammarion: París, 2001.

Molière, *Le Bourgeois gentilhomme*, Hachette Éducation, «Classiques Hachette»: París, 2005. [Versión en castellano: *El burgués gentilhombre*. Barcelona: Bruguera, 1974.]

Mitscherlich, Alexander, *Vers la société sans pères*, Gallimard, «Folio»: París, 1981.

Nasio, J.D., «L'Oedipe: un mythe indispensable», *Journal des Psychologues*, septiembre 1994.

Nietzsche, Friedrich, *Par-delà le bien et le mal. Maximes et interludes*, Hachette Littératures, «Pluriel»: París, 2004. [Versión en castellano: *Más allá del bien y del mal*. Madrid: Alianza Editorial, 1984.]

—. *Aurore. Réflexions sur les préjugés moraux*, Hachette Littératures, «Pluriel»: París, 2005. [Versión en castellano: *Aurora: reflexiones sobre los prejuicios morales*. Barcelona: Alba, 1999.]

Nuber, Ursula, *Die sieben Sünden des Gedächtnisses*, Julius Beltz Verlag, Psychologie Heute; Weinheim, octubre 2004.

Olivier, Christiane, *Les Enfants de Jocaste*, Denoël: París, 2001.

Pascal, Blaise, *Pensées*: París, Flammarion, «GF étonnants classiques», 2005. [Versión en castellano: *Pensamientos*. Madrid: Espasa-Calpe, 1995.]

Proust, Marcel, *Du côté de chez Swann*, Le Livre de poche: París, 1992. [Versión en castellano: *Por el camino de Swann*. Madrid: Unidad Editorial, 1999.]

Rank, Otto, *Le Traumatisme de la naissance*, Payot: París, 1976. [Versión en castellano: *El trauma del nacimiento*. Barcelona: Paidós, 1992.]

Rattner, Josef, *Die Kunst, eine Lebensgeschichte zu lesen* («El arte de leer la historia de una vida»), Miteinan-der lebenlernen, Zeitschrift für Tiefenpsychologie, Gruppendynamik und Gruppentherapie, n.º 5, septiembre 1983.

Ricoeur, Paul, *La Mémoire, l'histoire, l'oubli*, Le Seuil, «Points essais»: París, 2003. [Versión en castellano: *La memoria, la historia, el olvido*. Madrid: Trotta, 2003.]

Robert, Francois, *Les Termes philosophiques*, Marabout: París, 1990.

Rovee-Collier, Carolyn y Adler, Scott (1997), «La mémoire», La Recherche, 267 (supl.).

Rufo, Marcel, *Oedipe toi-même,* Le Livre de poche: París, 2002.

Saint-Exupéry, Antoine (de), *Le Petit Prince*, Gallimard: París, 1999. [Versión en castellano: *El principito*. Buenos Aires: Emecé: 1951.]

Servan-Schreiber, David, *Guérir,* Pocket: París, 2005. [Versión en castellano: *Curación emocional. Acabar con el estrés, la ansiedad y la depresión sin fármacos ni psicoanálisis*. Barcelona: Kairós, 2004.]

Simonnet, Dominique, *Vivent les bébés! Ce que savent les petits d'homme*, Le Seuil, «Points actuels»: París, 1983.

Tadié, Jean-Yves y Marc, *Le Sens de la mémoire*, Gallimard, «Folio»: París, 2004.

Villemus, Philippe, *J'ai oublié*, Desclée De Brouwer: París, 2004.

Yourcenar, Marguerite, *Lettres à ses amis et quelques autres*, Gallimard, «Folio»: París, 1997. [Versión en castellano: *Cartas a sus amigos*. Madrid: Alfaguara, 2000.]

Zarifian, Edouard (2003), «Alzheimer: Cerveau sans memoire», La Recherche, 10 (supl.).

Zweig, Stefan, *Freud*, Stock, «Stock Plus»: París, 1978. [Versión en castellano: *Sigmund Freud*. Barcelona: Apolo, 1949.]

AGRADECIMIENTOS

Escribir un libro sobre la interpretación de los recuerdos de la infancia es algo apasionante porque es un tema que interesa a todo el mundo. Algunos temas irritan, otros confunden: este llama la atención. Hace pensar, hace hablar; incluso hace que la gente hable entre sí. Es el tema vivo por excelencia. En todas las ocasiones en que he sacado en conversación mi proyecto de escribirlo, he visto una llamita iluminando la mirada de mis interlocutores y, por poco que se inicie una conversación al respecto, me he sentido gratificado al escuchar: «Yo, de chavalín», o: «Usted no se acordará, pero…», o un: «Mi primer recuerdo se remonta a…», seguido de una historia personal. Pues los recuerdos son siempre historias de uno mismo, historias *en uno mismo*, en el primer sentido de la palabra. Graciosos, tristes, fantasiosos, increíbles, fenomenales u ordinarios, qué importa, son historias de la vida en las que somos protagonistas, pues se trata de nuestra vivencia personal.

Cuando se ve un libro así a primera vista, en una librería, uno no se imagina, a menos de haber vivido la experiencia, la suma de energías, sinergias y tenaces voluntades personales que están en su origen. En lo tocante a este libro, han sido muchas las personas, cercanas y no tan cercanas, que me han apoyado, ayudado y animado en mi labor de investigación y redacción, y que me han permitido aclarar, afinar y encuadrar o recuadrar, los conceptos del método que he expuesto, sobre todo cuando mis explicaciones carecían de claridad. Sin ellas no hubiera sido posible. Son, por una parte, todas las personas que me son cercanas y que, de manera cotidiana, me regalan su presencia, su aprecio y su amor, pero que también me ayudan, se ocupan de mí, de mi humor y de mi salud. Son, luego, todas las personas afectadas, de cerca o de lejos, por la elaboración y la difusión de un libro. Editorial, editor, responsable de prensa, correctores, comerciales, así como periodistas y libreros. Son, ustedes, los lectores, con los que el libro empezó realmente a vivir. ¿Cómo no pensar con emoción en todas esas personas en el momento en que el libro acaba de salir de mi ámbito de control para ir a conquistar su destino, cómo no estar reconocido?

Este libro es mi duodécima obra. Me gusta escribir. Como en cada ocasión, el trabajo de escribir me ha sacudido y hundido, pero también como cada vez, me ha sostenido, engrandecido y transformado. En más de una ocasión me ha hecho pasar malos cuartos de hora, pero a veces, además, muy malos fines de semana. No me arrepiento de ninguno. Durante todo ese tiempo, mi familia, mis amigos, mis conocidos, las personas cercanas, me han testimoniado un atento y cálido afecto. Quiero darles las gracias colectivamente una primera vez.

Deseo dar las gracias a las siguientes personas que me han permitido iniciar este viaje a través de los recuerdos de la infancia. En primer lugar, los miembros de la oficina de la asociación L'École de la vie, por su amistad, su fidelidad y por el dinamismo de que hacen gala para dar vida a los grupos de palabra organizados por mí hace más de veinte años.

Maryse, Valérie, Marie-Claire, Corinne, Danièle, Kathrin, Henri, Bertrand, Gérald, Gabriel, Denis, Didier, Bernard, quienes me han permitido relatar su historia.

Bruno Quelen, director de Éditions 360, por sus ánimos constantes y amistosos, así como por unos cuantos buenos vasos de vino degustados con motivo de nuestras últimas conversaciones a propósito del libro y el resto.

Nathalie Le Breton, mi editora "personal" de Éditions Robert Laffont, que ha sabido contener, gracias a su confianza y sus ánimos, mis temores y cambios de humor. Me ha ayudado mucho en la construcción y maduración de este libro.

Véronique Aubry, mi representante de prensa de Éditions Robert Laffont, también instructora, estratega y consejera.

Corinne Marotte, por intermediar entre Nathalie Le Breton y yo.

Patric Nottret, autor de la novela *Poison vert* (Robert Laffont) quien, a partir de una conversación en las Jornadas del Libro de Roquebrune-Cap-Martin en 2003, llamó mi atención sobre el libro de memorias infantiles y juveniles de Gabriel García Márquez, *Vivir para contarla*. Desde un trabajo de reflexión sobre ese libro empecé a desarrollar la sinopsis de la presente obra.

Gilbert Lugara, responsable de comunicación del grupo «Panorame du livre», con el que he podido afinar *in vivo* mi método. Ha insistido mucho en que concediese un lugar importante a los capítulos consagrados a las heridas, y creo que tenía razón.

El doctor Marc Bouchoucha, homeópata, lector regular y atento de mis escritos, por sus palabras de aliento, su amistad y su confianza desde hace más de veinte años.

Pierre-Jean Ollier, por los recuerdos que me ofreció un día que regresaba de su entrenamiento de triatlón. Me permitió reflexionar de otra manera acerca de las resistencias.

Josette Guillot. Fue una de las primerísimas en meter la nariz en mi manuscrito. Sus comentarios, en su manera franca de hablar, me han sido tan útiles como una sesión con mi terapeuta. Le agradezco igualmente su calurosa acogida en

Córcega en un momento especialmente difícil de la redacción de este libro.

Jean-Paul Hamon, por sus importantes sugerencias, de las que me beneficié en el transcurso de un *jogging* memorable, una mañana, a orillas del mar, en la Promenade des Anglais de Niza. Gracias también por los intercambios de puntos de vista y los ensayos prácticos.

Élisabeth Hamon, por su lectura crítica y sensible de mi manuscrito, por las rectificaciones y los comentarios. Un trabajo muy valioso que yo nunca me habría atrevido a pedirle y al que se dedicó de buena gana.

El doctor Christian Lallot, por haber reabierto todos sus archivos a fin de proporcionarme algunas revistas científicas importantes que me han sido de gran ayuda de cara al control de ciertos pasajes teóricos de mi libro.

Marc Ferrari, por su recibimiento el verano de 2005 en su bella tierra de adopción brasileña, al igual que por las traducciones de recortes de periódicos y extractos de libros escritos en portugués. También por su amistad.

El doctor Philippe Parnot, psiquiatra infantil, por su amistosa pero puntillosa auscultación semántica de algunos términos psicológicos y médicos de los que no estaba seguro, por su disponibilidad incondicional y por su juicio agudo e inmediatamente analítico.

La doctora Sylviane Debroise, cirujana dentista, primera experimentadora *de verdad* que probó mi método de análisis e interpretación de los recuerdos de la infancia, en una mesa de un restaurante chino en París, ya hace bien bien quince años.

Yves Estrade, Annick Béroul, Joëlle Attard, mi hermano y hermanas; por los recuerdos maravillosamente contradictorios y por las versiones más paradójicas y desconcertantes relativas a episodios y lugares de mi primera infancia, que me han permitido constatar *in situ* la importancia de la percepción subjetiva en cuestión de recuerdos.

Arthur Estrade, mi hijo, por haber estado dispuesto a comprobar mi método de análisis e interpretación de los recuerdos de la infancia. Por su preocupación constante acerca del probable éxito "planetario" de mi libro. Ha sabido respetar mis momentos de introspección e incluso de irritación cuando mi libro no avanzaba como yo deseaba.

Huguette Estrade, mi esposa, por las numerosas lecturas y relecturas que ha hecho de diferentes refritos de capítulos de este libro y por las críticas, aclaraciones, evaluaciones y nuevos enfoques. También por sus replanteamientos cuando mi texto se arriesgaba a extraviar al lector. Le doy igualmente las gracias por el vínculo que me ha permitido conservar con el mundo exterior durante estos meses de hibernación. Si el libro existe, es gracias a ella.

Estos agradecimientos no estarían completos si olvidase citar a Paul Vitti (protagonista de *Una terapia peligrosa*, encarnado por Robert De Niro), que me ha inspirado enormemente en el capítulo sobre la culpabilidad.

INFORMACIÓN PRÁCTICA

ASOCIACIÓN L'ÉCOLE DE LA VIE

La asociación L'École de la vie fue creada en 1997 bajo mi impulso. Tiene por misión difundir los conocimientos de la psicología y la cultura. Se organizan terapias de grupo de manera regular.

Dirección: L'École de la vie, maison des Associations, place Garibaldi, 06000 Niza, Francia.

CONFERENCIAS Y SEMINARIOS

Paralelamente a la publicación del libro he organizado conferencias y seminarios, algunos abiertos a todos los públicos y otros destinados a los profesionales de la psicología y de la relación de ayuda. Para más informaciones consulte mi página de Internet: www.patrickestrade.com

BLOG WWW.SOUVENIRS-SOUVENIRS.BLOGSPOT.COM

Este *blog* está destinado a recibir anónimamente los recuerdos de unos y otros, sean penosos o dolorosos, conmovedores o graciosos. souvenirs.com es un espacio *santuarizado*, no un lugar de intercambio. Quienes deseen depositar un recuerdo personal pueden hacerlo escribiéndome por correo electrónico a la dirección pg.estrade@free.fr o por correo postal mediante una tarjeta postal. Si el recuerdo que se me envía observa las normas de respeto hacia las personas y la convivencia, no dejaré de añadirlo al *blog*.